〔英〕托马斯·狄克森 著
(Thomas Dixon)

万兆元 赵会亮 译

A VERY SHORT INTRODUCTION

SCIENCE AND RELIGION

科学 与 宗教

上海三联书店

献给艾玛·狄克森

前　言

　　一般而言，有关科学与宗教的书籍可分为两类，一类劝人相信宗教的合理性，另一类劝人否认宗教的合理性。然而，这本通识读本着眼于问题的根本，论述力求全面公允，与上述两类截然不同。不管是否具有宗教信仰，人们都对"自然"和"上帝"持有特定的信念。宗教与科学经常引发的激烈辩论，便反映了人们对此类信念的固守与坚持。本书所探讨的，正是这些信念的起源与功用。

　　近年来，"科学与宗教"的话题与关于进化论的辩论几乎成了同义词，在美国尤其如此。故此，笔者不惜笔墨，从六章中拿出两章的篇幅来着重阐述有关进化论的主题。美国现代社会中关于进化论与"智能设计论"（Intelligent Design）的辩论非常明确地表明，科学与宗教之间冲突或和谐的故事，会被政治运动所利用，尤其会卷入有关控制教育和解释《美国宪法第一修正案》（First Amendment to the US Constitution）的争论之中。

　　当今科学与宗教论辩的常见主题有：历史上对于名人——尤其是伽利略·伽利雷（Galileo Galilei）和查尔斯·达尔文（Charles Darwin）——的种种认识；关于神迹、自然法则、科学知识的哲学假设；对于（包含量子力学和神经系统科学在内的）现代科学的宗教与道德含义之讨论。凡此种种，皆为本书审视的对象。

笔者写作此书，绝非为了劝说人们停止有关科学与宗教的争论，而是希望本书能够帮助人们在充分掌握相关信息的基础上进行争论。

致　谢

笔者最初是在上大学期间接触到科学与宗教这一迷人话题的。我听过弗雷泽·沃兹（Fraser Watts）在剑桥大学开设的神学与宗教讲座，读过约翰·赫德利·布鲁克（John Hedley Brooke）的经典著作《科学与宗教：一些历史中的观点》（*Science and Religion: Some Historical Perspectives* [Cambridge，1991]）。读研究生期间，笔者在伦敦大学及剑桥大学受教于多位杰出的科学史家和科学哲学家，其中包括 Janet Browne、Hasok Chang、Rob Iliffe、Peter Lipton、Jim Moore 和 Jim Secord。非常感谢他们的教导，也感谢剑桥科学史与科学哲学系以及神学系提供的支持和良好的研究环境。

笔者也由衷感谢兰开斯特及伦敦的各位同事近年来给予的支持。特别感谢兰开斯特大学的 Stephen Pumfrey 和 Angus Winchester，还有 Geoffrey Cantor——在后者的帮助下，"科学与宗教：历史视角与当代视角"学术研讨会于 2007 年 7 月顺利举办，以纪念约翰·赫德利·布鲁克的退休。会议期间，笔者从各位参会者那里受益良多。最近，伦敦玛丽女王大学的各位同仁对笔者多有指导和鼓励，尤其感谢 Virginia Davis、Colin Jones、Miri Rubin、Yossef Rapoport、Rhodri Hayward、Joel Isaac 和 Tristram Hunt。Emilie Savage-Smith 和 Salman

Hameed 在"伊斯兰教与科学"方面给予笔者诸多指导。

牛津大学出版社的 Marsha Filion、Andrea Keegan 和 James Thompson 的耐心、热情和出色技能对本书的顺利完成及出版不可或缺，Fiona Orbell 非常高效地取得了本书所含插图和必要的许可，Alyson Silverwood 按照最高标准对文本进行了编辑，在此一并致谢。还要特别感谢好友 Emily Butterworth、Noam Friedlander、James Humphreys、Finola Lang、Dan Neidle、Trevor Sather、Léon Turner，特别是 Giles Shilson，他们不辞辛苦地阅读了本书草稿并提出了改进建议。

最后要向我的家人致以最诚挚的感谢。我将本书献给我的姐姐艾玛，早先正是她建议我成为一名学者，而不要去做律师。

插图列表

　　注：出版商和作者对上述列表中的任何错误或遗漏表示歉意。如您发现任何错误或遗漏，请通知出版社和作者，我们会很乐意尽早予以纠正。

目 录

第一章

科学与宗教之争关键何在？

　　1633 年 6 月 22 日，罗马宗教裁判所判定一位老人有罪，认定他"大有异端之嫌疑，即持有并相信与上帝的圣经相悖的错误教义"。该受到质疑的教义认为："太阳是世界的中心，并不自东向西运动；地球并非世界的中心，而是处于运动状态；某一观点哪怕被宣布和判定与圣经相悖，仍可将其作为一种可能来接受并为之辩护。"这位获罪老人就是年届七旬的佛罗伦萨哲学家伽利略·伽利雷。最终，伽利略被判处监禁（后改为在家软禁），此后三年须每周诵读一遍《诗篇》中的"七首忏悔诗"（seven penitential Psalms）①，作为"有益身心的补赎"（salutary penance）。七首忏悔诗中包括《诗篇》第 102 篇，其中就有这么一句特别应景的祷词："你起初立了地的根基，天也是你手所造的。"② 伽利略跪在"尊敬的枢机主教、宗教裁判所总检察官大人"面前领受了判决，发誓全心服从"神圣的大公和使徒教会"（Holy Catholic and Apostolic Church），宣布他诅咒并痛恨自己的上述"谬误和异端邪说"，即相信太阳是宇宙的中心而地球处于运动状态。

---

① "七首忏悔诗"是指《诗篇》第 6、32、38、51、102、130、143 篇。——译者注（以下注释皆为译者所加，不再单独说明。）
②《诗篇》102:25，除非特别注明，本书圣经经文皆引自和合本。

作为当时最著名的科学思想家，伽利略因其天文学观点与圣经相抵触而受到宗教裁判所的惩罚和羞辱，这一事件被一些人拿来当作科学与宗教必然冲突的证据，这不足为奇。进化论者与创造论者之间的现代遭遇似乎也表明科学与宗教之间的敌意仍在继续，尽管这次是科学而非教会占据了上风。维多利亚时代的不可知论者托马斯·赫胥黎（Thomas Huxley）在为达尔文的《物种起源》（*On the Origin of Species*，1859 年）写书评时，曾以形象的语言表达了科学战胜神学的观点："每门科学的摇篮四周，都躺着一众偃旗息鼓的神学家，恰似赫拉克勒斯（Hercules）摇篮旁横躺着被扼死的毒蛇。历史表明，只要科学与正统信仰正面对决，后者都会败退战场，流血不止，即便未被歼灭也已不堪一击，即便没有丧命也已遍体鳞伤。"有些宗教徒也颇喜欢"冲突"的形象，他们借此将自己比作受到围攻的少数派义士，英勇无畏地捍卫信仰，使其免受科学与唯物主义势力的压迫与排挤。

尽管科学与宗教相互交战的观念至今依然广为流传，但是近来有关科学与宗教的学术著述大都致力于瓦解"科学与宗教必然冲突"的观点。我们有很好的历史理由来反驳简单化的冲突论故事。从 17 世纪伽利略在罗马受审，到现代美国人围绕智能设计论这一最新形式的反进化论展开争执，这些都让人意识到科学与宗教的关系绝非表面看上去那么简单，而且绝非冲突观所能概括。近代科学的先驱们，比如艾萨克·牛顿（Isaac Newton）和罗伯特·波义耳（Robert Boyle）等，都将他们的工作视为宗教事业的一部分，其目的正是为了理解上帝的创造。伽利略也相信科学与宗教可以和谐共存。同样，许多现代犹太教徒、基督徒和穆斯林都赞同在科学与宗教之间进行具有建设性和协作性的对话。此外，科学思想与宗教观念不可调和的论调，也不符合今天仍有大批具有宗教信仰的科学家这一事实。包括理论物理学家约翰·波尔金霍恩（John Polkinghorne）、人类基因组计划（Human Genome Project）前主任弗朗西斯·S.柯林斯（Francis S. Collins）、天文学家欧文·金格利希（Owen Gingerich）在内的许多科学家，依然认为自己的科学研究是对信仰的补充而非挑战。

难道这意味着冲突一说在本书中应该避而不谈吗？非也！我们唯一要避免的乃是那种过于狭隘的冲突观，而此种观念可能是人们期望在科学与宗教关系中看到的。科学与宗教的历史并非满篇都是英勇开明的科学家与反动偏执的教会之间的冲突。实际上，狭隘的思想和开放的心态在各方都存在。同样，追求理解、热爱真理、能言巧辩，以及与国家权力有失体面的纠葛，也是如此。个人、观念、机构可能且已经以各种不同的组合方式发生冲突，或者被调和以达成和谐。

著名科学与宗教史家约翰·赫德利·布鲁克写道，严肃的历史研究已经"揭示，科学与宗教在过去有着异常丰富和复杂的关系，难以用一般性的论断来概括。真正的教训其实是这种复杂性"。本书将会探讨这一复杂历史关系的一部分。"科学"与"宗教"两大实体之间的关系从来都不是单一的和不变的。尽管如此，在科学与宗教语境中仍会反复出现一些基本的哲学问题和政治问题，例如，最权威的知识来源是什么？最根本的实在（reality）又是什么？人类是怎样一种生物？怎样的政教关系才算恰当？谁该控制教育？宗教经典或自然能否当作可靠的道德指引？

　　表面看来，科学与宗教之间的辩论，着眼于某些宗教信条与科学知识的某些方面是否兼容的问题。譬如，相信死后生命与现代脑科学的发现有矛盾吗？信奉圣经与相信人类和黑猩猩有着共同的祖先相矛盾吗？相信神迹与物理科学所揭示的受严格法则控制的世界图景相冲突吗？或者也可以这样问，相信自由意志和上帝的干预能够得到量子力学理论的支持和证实吗？在此不妨回答本章标题所提出的问题：科学与宗教之争关键何在？其中一个答案就是这些智力或思想上的兼容性问题。

　　笔者想在本书中特别强调的是，上述论争中的常见问题不过是冒出来的顶端而已，其下还深藏着更大的主体结构呢。本书通篇旨在从历史的角度审视人们对于科学与宗教的理解是如何形成的，从哲学角度探讨其中涉及的关于知识的先入之见，并反思经常为科学与宗教之争设置不言而喻之论题的那些政治问题和伦理问题。科学与宗教既可视为个人信念的来源，也可视为社会的与政治的实体。本着这一理解，笔者将在下文点出我们对于科学与宗教应该提出的一些问题。在本章结尾，笔者还会简要介绍"科学与宗教"作为一个学术领域的发展情况。

邂逅自然

　　科学知识基于对自然世界的观察。然而，观察自然世界并非像听起来那样简单，而且也不是孤立的活动。不妨以月亮为例来说明。仰望晴朗夜空，你看到了什么？是的，你看到了月亮和星星。但是你实际上观察到的是什么呢？是许多明亮的小光点和一个体积较大的白色圆形物。假如你从未学过任何科学，你会以为自己看到的那个白色物体是什么呢？是一个类似于巨型阿司匹林药片的平盘？还是一个球体？如果是球体，那为什么我们看到的总是同一侧呢？为什么它会从月牙状变成一个完整的平盘，并会如此不断反复呢？莫非它是类似地球的物体？如果是，那么它有多大？离地球有多远？有人类在上面居住吗？或许它是一颗夜晚版的太阳，只是小一些？又或许它跟周围那些明亮的小光点一样，只是更大一些，离我们更近一些？不管它是什么，它在天上究竟是怎样运动的？为什么那样运动？是不是有东西在推着它动呢？是否有什么看不见的机制跟它相连呢？它会不会是某种超自然的存在呢？

然而，如果你对现代科学有足够的了解，你就会知道月亮实际上是由岩石构成的一个巨大的球状卫星，大概一个月就绕地球旋转整整一周，同时月球也在自转——这就解释了为什么我们看到的总是月球的同一面。太阳、地球、月球相对位置的不断变化也解释了"月相"变化的原因，也就是为什么有时我们能看到月球被照亮一面的全部，而有时只能看到小小的月牙。你或许也知道，所有物体都通过引力而相互吸引，引力与物体质量的乘积成正比，与物体距离的平方成反比，如此便可以解释为何月球围绕地球运动，而地球又围绕太阳运动。你可能也知道，夜空中的小亮点就是恒星，与我们的太阳类似；肉眼可见的恒星距离我们有几千光年，而那些通过望远镜才能观察到的恒星离我们则有数百万甚至数十亿光年之远。因此，仰望夜空也就是在回顾宇宙遥远的过去。但是，无论你对这一切的了解有多么深入，这些都不是你通过观察所获得的。你是通过其

图 1　艺术家克劳德·梅兰（Claude Mellan）在 17 世纪早期依据望远镜观察结果刻绘的月亮版画

他渠道获知这些知识的：也许是从父母或科学老师那里了解到的，也许是从电视节目或在线百科全书上了解到的。即便专业的天文学家，一般都不会用自己的观察结果去核实上述任何一条陈述。这并非因为他们懒惰或者不称职，而是因为他们可以依靠科学团体积累起来的权威观察和理论推断。要知道，历经多个世纪的观察和推理，上述事实已被确定为基本的物理真理。

这里的意思是说，虽然科学知识无疑基于对自然世界的观 察并须接受后者的检验，但是其中涉及的远非将感官转向正确的方向进行观察那样简单。作为一个个体，即便身为科学家，你所了解的只有一丁点是通过自己的直接观察获得的。不仅如此，要让你的观察结果有意义，还须将其置于历经多个世纪的积累和发展而来的现有事实和理论所组成的复杂框架之内。比如说，你之所以对月球和星星有那样的认识，是因为漫长而复杂的文化历史（第二章对此略有讨论）在来自夜空中的光亮和你的天文学及宇宙学思想之间发挥了媒介作用。这段文化历史至少包括下述事件：伽利略借助哥白尼天文学以及17世纪早期发明的望远镜对古老地心说的成功挑战、牛顿运动定律和万有引力定律在17世纪后期的确立，以及物理学和宇宙学在晚近取得的进展。此外，社会政治机制对于科学知识通过图书和课堂在民间传播所提供的协助以及所施加的控制，这些也是文化历史的关键方面。

顺便一提，我们还需注意的是，科学所要揭示的往往是这一事实：事物本身与其最初显现的并不一致。换言之，事物的外表可能具有欺骗性。乍看起来，我们脚下的地球似乎是坚固而稳定的，而太阳和其他星球则围绕着我们运动。然而，科学最终证明事实与我们所感知的一切正好相反，因为地球不仅绕轴自转，而且围绕太阳高速运转。正是基于上述原因，伽利略《关于两大世界体系的对话》(*Dialogue Concerning the Two*

Chief World Systems，1632 年）中的一位主人公表达了对诸如阿里斯塔克斯 ① 和哥白尼等人的敬佩之情，因为他们在望远镜问世之前便已确信日心体系。这位主人公感叹道："我无限钦佩这些智力超群之士，他们不仅构想出了日心体系，而且认为该体系是可信的。他们仅凭智力便颠覆了自己的感官，将感官经验所明示的置于一旁，进而选择相信理智的推断。"② 同样，晚近以来，进化生物学和量子力学都要求人们相信最难以置信的事情，比如说我们不仅与兔子有着共同的祖先，而且与胡萝卜也有着共同的祖先；又比如说物质的最小组成单位既是波又是粒子。人们有时会说，科学只是经验观察的系统化，或者不过是对常识的谨慎应用。然而，科学也具备证明感官的欺骗性以及直觉的误导性的雄心和潜力。

从另一方面来说，当你仰望夜空时，你或许根本不会想到天文学和宇宙学。你所感受到的可能只是自然的力量、苍穹的壮美、时空的浩渺以及个人的渺小。这对你而言甚至可能是一种宗教体验，使你愈发敬畏上帝的大能及其鬼斧神工的创造，从而不禁想到《诗篇》第 19 篇中的这节经文："诸天述说上帝的荣耀，穹苍传扬他的手段。"③

从历史文化传承的角度来讲，这种面向夜空时油然而生的宗教情感，与前述依据现代宇宙学知识来观察月亮和星星时的体验完全类似。如果没有受过一定的宗教教育，你定然无法引

---

① 阿里斯塔克斯 (Aristarchus，公元前约 310 年 – 前约 230 年)，古希腊天文学家和数学家，为有史记载以来最早提出日心说的天文学家。
② 中译本即伽利略：《关于托勒密和哥白尼两大世界体系的对话》，周煦良译，北京：北京大学出版社，2006 年。
③《诗篇》19:1。

用圣经，甚或脑海中也形成不了比较成熟的上帝概念。与现代的科学观测一样，个体的宗教体验也是人类在追求理解的共同探索中通过长期协作形成的。就上述宗教反应的例子而言，在来自夜空的光线落入你的视网膜时让你联想到上帝荣耀的，是某一神圣文本在先后相继的社群中不断被阅读、被阐释的漫长历史。正如前述科学观测的例子所示，我们通过群体经验所得到的教训之一，就是事物的真相并非它们看上去的那样。宗教教师和科学教师一样，都试图向他们的学生展示，在可见世界之后还有一个肉眼难及的世界，而这个不可见的世界或许会颠覆人们最为根深蒂固的制度和信念。

政治维度

科学与宗教的"冲突叙事"深受启蒙运动的理性主义者、维多利亚时代的自由思想家和现代科学无神论者的青睐。科学与宗教史家则对冲突叙事进行了批驳，不过有趣的是他们采取了两种不同的策略。第一个策略是用"复杂"形象替换"冲突"形象，强调科学与宗教的互动方式在历史上因时、因地、因势而大有不同。有些科学家信仰宗教，有些则是无神论者。有些宗教派别欢迎现代科学，有些则对科学满腹狐疑。该策略的一个关键是，承认"科学"所指的并非单一实体，"宗教"所指的也不是单一实体，且二者之间的关系在不同国家也存在相当的差异。举一个最为明显的例子：从 20 世纪初直到今天，有关进化论与宗教的争论一直存在，但其在美国的发展便与欧洲和其他地域的情况大不相同。目前，有关是否应在学校教授进化论的争论仍在美国社会持续，而争论的起源则与美国独特的社会环境息息相关，其中最重要的要数《美国宪法第一修正案》的解释问题。根据此案，政府不得制定任何"关于确立国教"的法律。这里权且点到为止，有关内容笔者将在第五章详加解释。

如果批驳"冲突叙事"的第一个策略是改变剧情，那么第二个策略就是换掉主角。该策略的潜台词是：是的，科学与宗教之间似乎一直存在冲突，而且这些冲突都是真真确确的，但实际上这些并非科学与宗教之间的冲突。我们不禁要问：那么冲突双方又是谁或什么呢？至此，我们在某种程度上又回到了盘根错节的复杂历史中去了。当然，简单的换角并不能说明所有情形，不过这一策略的大致意思是清楚的，那就是说科学与宗教之间的冲突在本质上是关于知识生产与传播的政治冲突。这样一来，科学与宗教之间的对立便被视为一些典型的现代政治冲突——诸如个人与国家的冲突、世俗自由主义与保守传统主义的冲突——的常任代理了。有意思的是，我们注意到在现代美国社会中，不论支持在学校教授进化论的人，还是对此持反对意见者，都将自己标榜为人民的代表，对抗着一个掌控着教育议程的独裁而偏执的机构。在 1920 年代，进化论的捍卫者们认为该机构是保守的基督教团体；时至今日，一些宗教团体则认为是世俗自由主义精英集团控制了教育系统。科学与宗教之争成了一些群体的噱头，他们借此推广自己的想法，扩大其社会影响力，增强对国家教育系统的控制。显然，他们的相关争论主要是基于政治立场的。

这些关于知识政治的问题将在后续章节中反复出现。此刻，我们只需再看一个例子——极富煽动性的哲学家托马斯·潘恩

（Thomas Paine）。潘恩早年做过胸衣裁缝，但生意惨淡；后来当过收税员，却又被解雇；他还当过几回政治写手。1774年，潘恩离开故土英国前往美国，掀开了人生新的一页。到达费城后，他谋得《宾夕法尼亚杂志》（*Pennsylvania Magazine*）编辑一职。两年后，他写了一份极具战斗性的小册子——《常识》（*Common Sense*，1776年）。该书成了当时鼓动美国殖民者与英国开战的一个关键因素，也使潘恩成为名噪一时的畅销书作家。此外，潘恩与本杰明·拉什（Benjamin Rush）、托马斯·杰斐逊（Thomas Jefferson）以及其他美利坚合众国的国父们过从甚密，因而他反君主制的民主政治哲学深刻地影响了《独立宣言》（Declaration of Independence）。政治之外，潘恩也非常热衷科学和工程学。还在英国时，他就听过风靡一时的关于牛顿和天文学的讲座。因受大自然的杰作——精巧柔韧的蜘蛛网——的启发，他花费多年时间来设计一座单拱铁桥。潘恩的全部哲学可以说是一种科学的哲学。他认为政府的轮替与天体的循环对应。两者都是不可避免的、自然的、有规律的进程。潘恩后来参与过美国革命，也参与过法国革命。再后来，他将目光从君主制转向了基督教。潘恩深受启蒙思想和牛顿学说影响，所以在他的眼里，基督教体系和君主专制体系一样令人厌恶。在《理性时代》（*Age of Reason*，1794年）一书中，潘恩抱怨道："教会对科学和科学教授者们的迫害，已然持续了数百年之久。"

潘恩的上述冲突论只有放在当时的政治语境中才最能说得通。潘恩可谓一个反对基督教的科学思想家。潘恩公开谴责圣经，尤其是旧约，其中描述了以色列人的"淫乱堕落"以及他们的上帝"热衷于无情的报复"。潘恩批判圣经的话语令他的朋友们深感震惊。他这样写道："我打心底里厌恶圣经；但凡残酷暴戾的，我都深恶痛绝。"他还痛斥"教士权谋"在英格兰教会与英国政府的"通奸"关系中所扮演的角色。不过，潘恩所希望的并非摒弃宗教，而是用一个基于自然研究的理性宗教来取代基督教。潘恩提倡的理性宗教承认上帝的存在、道德的重要性以及对未来生活的向往，但是排除了圣经经卷、教士和国家权威。潘恩认为这一切的出发点都是基于民主的考量。在他看来，国家教会会宣称拥有获得神圣真理及启示的特权，借此将非法的权力加到人民头上，从而压迫人民。然而，人人都能阅读自然之书，都能从中体悟到其作者的良善、力量和慷慨。在潘恩推崇的自然神论（Deism）中，人们无须受缚于教士或国家。科学表明人人无须阅读圣经或去教堂，通过观察夜空即可发现上帝，因此科学有助于取代基督教。潘恩写道："时下所谓的自然哲学，涵盖了以天文学为首的科学的方方面面，其所研究的是上帝的作品、上帝及其作品的力量和智慧。这才是真正的神学！"

潘恩的这些民主理想——连同政教分离的原则——后来都被纳入美国的立国文件之中。在现代美国也是一样，彼此竞争的政治愿景在科学与宗教之争中你来我往，相互过招。有些政客否认进化论的真实性，提倡在学校传授基于宗教信仰的"智能设计"概念。然而，他们之所以这样做，并非出自科学的考量，而是为了发出信号，表明自己支持基督教的基本立场以及反对以过于世俗化的方式解读《宪法》的态度，并表达对自然主义和唯物主义世界观的敌意。

由上可见，科学与宗教的关系常常关涉政治，对此我们还可补充最后一份有趣的证据，不过这要从 20 世纪中期的两部戏剧中去找寻。两剧分别上演了具有英雄主义色彩的科学人士与反动独裁的宗教机构之间的两场著名冲突，而演出的主要目的是为了表达政治观点。第一部剧是贝托尔特·布莱希特（Bertolt Brecht）于 1930 年代与 1940 年代早期完成的《伽利略生平》（*Life of Galileo*）。布莱希特是一位德国共产主义者；他反对法西斯主义，先后流亡于丹麦和美国。该剧通过伽利略的故事探究了生活在压迫性政权下的持有不同政见的知识分子所面临的困境，同时也暗示了出于道德目的与社会目的而非为了科学本身去追求科学知识的重要性。布莱希特在著名的伽利略事件中看到了政治教训，而此类教训可运用于正在进行反法西斯斗争的现实世界。根据该剧的修改版，这些政治教训也可运用到处于投掷在广岛和长崎的原子弹阴影下的现实世界。

第二部剧是杰罗姆·劳伦斯（Jerome Lawrence）和罗伯特·E. 李（Robert E. Lee）的《承受清风》（*Inherit the Wind*）。① 该剧 1955 年首次上演，1960 年被拍成一部著名的电影，剧情是对 1925 年"斯科普斯猴子案"（Scopes Monkey Trial）的戏剧化演绎。该剧依据的历史事件会在第五章中进行讨论，其核心是美国田纳西州教师约翰·斯科普斯（John Scopes）因违反该州法律讲授进化论而被起诉一案。《承受清风》利用斯科普斯案来攻击麦卡锡时代的反共清洗。20 世纪 20 年代，英勇的进化论者斯科普斯挺身反抗田纳西州基督教机构的压迫，该

---

① 剧名出自《箴言》11:29："扰害己家的，必承受清风；愚昧人必作慧心人的仆人。"国内将此电影一般译为《风的传人》。

形象象征着世纪中叶美国共产主义分子的同情者在美国国家机器的高压下为言论、结社和表达自由而进行的抗争。顺便提一下，那些同情者之中便有布莱希特；布莱希特曾于1947年被召至"众议院非美活动调查委员会"（House Committee on Un-American Activities）作证。无论在布莱希特的《伽利略生平》中还是劳伦斯和李的《承受清风》中，正是有关思想自由、政治权力和人的道德等此类问题赋予了科学与宗教之冲突以魅力和戏剧性。现实生活中亦然。

作为学术领域的"科学与宗教"

在上述篇幅中，我们一直视科学与宗教为两大文化事业，两者在个人思想与政治领域内碰撞互动。此外，我们还应增加一个非常重要的维度，那就是"科学与宗教"本身作为一个学术领域的近期发展。

14　　当然，数世纪以来，神学家、哲学家以及科学家们一直在撰文著书，论述自然知识与启示之间的关系。他们的许多著作都很受欢迎，特别是在18世纪和19世纪。最著名的要数安立甘宗（Anglican）牧师威廉·佩利（William Paley）的《自然神学》（Natural Theology，1802年），该书从动植物的复杂适应现象出发，论证其背后必然存在着一位智能的设计者。然而，自1960年代以来，"科学与宗教"作为一门学科的地位越来越凸显。1966年，科学与宗教领域的首份专业期刊——《连接：宗教与科学杂志》（Zygon: Journal of Religion and Science）在芝加哥创刊。同年，美国物理学家、神学家伊恩·巴伯（Ian

Barbour）出版了《科学与宗教中的问题》（*Issues in Science and Religion*）①，该书后来作为课本被广泛使用。此后，诸多致力于科学与宗教研究的组织相继出现，其中包括"欧洲科学与神学研究会"（European Society for the Study of Science and Theology）以及"国际科学与宗教学会"（International Society for Science and Religion）。此外，数所重要学术机构也增设了专门教席，致力于科学与宗教研究，其中包括英国牛津大学和剑桥大学，以及美国普林斯顿神学院。

科学家与神学家们旨在推动跨学科和谐对话的学术工作，也受到了一系列机构的支持。例如，罗马天主教教会通过梵蒂冈天文台支持此类学术工作，而美国慈善机构约翰·邓普顿基金会（John Templeton Foundation）对资助科学与宗教和谐研究项目情有独钟。邓普顿基金会近期资助了一个重大项目，研究对象为利他主义和"无限的爱"。该项目的一个成果是出版了一本专著，书中解释说利他主义和富于爱心的生活方式有益于人的身体健康和精神福祉。

邓普顿基金会每年会拨发数百万美元的研究资助，其中包括年度邓普顿奖，其金额目前约为150万美元，用于奖励"促进灵性实在研究或发现"的个人。往届邓普顿奖得主有基督教传道人、基督教以外的信仰领袖以及许多推动科学与宗教进行学术对话的杰出之士，比如伊恩·巴伯、亚瑟·皮考克（Arthur Peacocke）、约翰·波尔金霍恩、保罗·戴维斯（Paul Davies）以及乔治·埃利斯（George Ellis）。上述几人和许多

15

---

① 中译本即伊安·G. 巴伯：《科学与宗教》，阮炜等译，成都：四川人民出版社，1993 年。

推动"科学与宗教"学科的人士一样，属于有宗教信仰的专业科学家一类，他们有的还是被正式任命的牧师。此外，也有许多史学家、哲学家和神学家为科学与宗教学科的发展做出了重要贡献。该学科甚至吸引了一些科学无神论者，比如牛津大学大众科学讲座教授理查德·道金斯（Richard Dawkins），他们也为科学与宗教学科做出了"满怀激情"的贡献。

笔者已经讲过，该领域的许多学术研究工作都比较关注这一问题，即"科学与宗教注定冲突"的观点是否有其道理。这一关切在一定程度上是出于护教的动机。许多投身该研究领域的人都是宗教信徒，他们力图证明科学并不会削弱信仰。不过，否认科学与宗教冲突论（或者任何单一维度关系）的背后也有纯学术动机的驱使，其中一些学术考量会在后续章节讨论到。

无论支持冲突论还是拥护和谐论，都可能遭到反对，因为任何关于"科学与宗教关系"的讨论都会掩盖术语的多义性和复杂性。"科学"与"宗教"都是界定不清的范畴概念，且不同科学与不同宗教有着不同的互动方式。例如，数学与天文学在中世纪伊斯兰文化中都取得了一定的发展，因为除了诸多世俗用途之外，这两门知识还被用来计算准确的祷告时间以及麦加的方位。在 9 世纪和 15 世纪之间，在巴格达智慧宫（House of Wisdom）等机构从事学术研究工作的伊斯兰学者们保存、验证并改进了古希腊医学、光学、天文学以及占星术。这些学者的座右铭是："不懂天文学和解剖学，便不足以了解真主。"正如历史所展示的那样，伊斯兰学者的这些著作，成了中世纪后期欧洲学术复兴的关键源头。

16

在近代欧洲，犹太社团虽然被排除在更为主流的学术机构之外，但该社团却与医学及医学实践建立了尤为紧密的联系。文艺复兴时期，罗马天主教教会尽管要应付伽利略的观点所带来的高调诘难，但依然不失为最慷慨的赞助科学研究的机构之一，尤其是通过耶稣会投资了许多天文台和实验设备。现代科学知识是典型的西方思想体系，其与东方宗教传统之间的关系又有不同。在此，我们或许会想到佛教徒对借助神经科学来研究冥思中的大脑状态所表现出的兴趣，或者会想到弗里乔夫·卡普拉（Fritjof Capra）1975 年出版的畅销书《物理学之道——现代物理学与东方神秘主义比较探索》(*The Tao of Physics: An Exploration of the Parallels between Modern Physics and Eastern Mysticism*)。最后，我们还应该专门讨论一下进化生物学与现代新教之间的特别关系。对此笔者在后文会进行深入讨论。这里需要指出的，无论上述哪一种具体关系，都不能当作理解科学与宗教互动关系的普适性模板。

有人认为，"科学与宗教"不大可能发展成一个合理的学术研究主题，因为单单"科学与宗教"这一短语的使用便会使该主题显得过于简单化、普遍化或具象化。笔者认为这个观点也有一些道理。的确，与科学与宗教领域的大多数著述一样，本书所讨论的"宗教"在绝大部分情况下都专指基督教。但话说回来，至少在犹太教、基督教和伊斯兰教等亚伯拉罕系一神论传统之内，不论在历史、哲学还是神学层面，我们还是可以找到足够的共性就科学与宗教展开一般性讨论的。至于是否将非有神论传统或非宗教经典传统纳入讨论，那是另外一个话题，在此不作赘述。然而，就各大一神论信仰而言，它们一致认同：

上帝乃两本书——自然之书与经文之书 ①——的作者，信徒们如能认真研读这两本大书，当会发现自己的理解和信仰都得到了深化。三大一神论传统都强调阅读上帝话语和上帝作品的重要性，虽然这种阅读的智力内涵、政治内涵和道德内涵在各传统中并不完全一致，但是其发展路径大体类似。

笔者认为，"科学与宗教"已然作为一个学术领域名称的事实，再加上该词会让人想起生动形象的——尽管在历史上有争议的——文化模式，这些都表明我们完全可以将"科学与宗教"作为一个思想类型的名称而继续使用（正如在本书及其他许多著作的名称中所使用的一样）。时至今日，学者们还有记者们在著书立说的过程中，似乎依然相信科学与宗教之间真的存在着某种持续而普遍的关系，且相信如此关系或许有助于理解一些当代事件。在笔者看来，即便这种关系仅仅存在于我们的想象之中，探究这一想象的关系是如何发展起来的也非常重要。由于伽利略及其与罗马宗教裁判所的冲突在许多有关科学与宗教关系的流行论述中占据着核心位置，所以将伽利略的故事作为本书探究的起点是合适的。

---

① 自然之书（book of nature）即大自然，经文之书（book of scripture）即各大一神论信仰中的正典经书。

第二章

伽利略与科学哲学

伽利略在 1633 年宣布放弃哥白尼学说，这意味着什么呢？是否意味着宗教蒙昧主义的成功、自由科学探究的失败？是否证明了科学与宗教必将受缚于意识形态之争和机构间的博弈呢？不足为奇的是，问题远非如此简单！实际上，伽利略案所涉各方都认同一点：通过观察自然来准确认知世界，同时以圣经作为个人信仰之基础，这是正当而合理的。冲突的根本并不在经验科学与威权宗教之间，而在天主教教会内部对于如何解释自然和阐释经文的不同观点之间——在这些观点貌似出现分歧时，冲突表现得尤为明显。那么，何以在尼古拉·哥白尼（Nicolaus Copernicus）于 1543 年发表《天球运行论》（*On the Revolutions of the Heavenly Spheres*）[1] 并提倡日心说近百年之后的 1633 年，出现了如此富有戏剧性的伽利略一案？要理解这个问题，必须得仔细审视伽利略审判的具体背景、其上笼罩的源自前一世纪新教宗教改革的阴影，以及当时罗马教廷的复杂政治。

下文将继续重述伽利略事件，并将其视为 17 世纪天主教徒之中就如何阅读圣经而产生分歧的一个体现。不过，在此之前，

---

[1] 旧译《天体运行论》，新译本参考哥白尼：《天球运行论》，张卜天译，北京：商务印书馆，2021 年。

我们有必要关注一些有关知识来源的普遍问题。这不仅有助于我们了解 1633 年 6 月的罗马所面临的危机，也有助于我们理解在当下科学与宗教辩论中频频出现的、有关科学哲学的一些一般性问题。

人如何认识事物？

　　一般来讲，人的知识的来源有四种：感官、理性思维能力、他人的见证和我们的记忆。首先，显而易见的是，这四种来源都会出错。感官可能欺骗我们；思维可能出现失误；他人也可能有意无意地误导我们；我们的记忆可能片面失真，而且随着年龄的增长只会加剧，这一点大多数人再清楚不过了。因此，我们不妨将整个现代科学概括为这样一种努力：把来自不同知识来源的根根细线织成一张更具弹性的知识之网。如此，个人的感官经验必须得到多人的见证、确认以及重复体验，才会得以接受。对于物体属性的简单观察，必须经由精心设计的实验加以补充，以便更加精确地测验物体在不同场景中的表现。虽然人类的觉察能力可能有限，但 17 世纪初望远镜和显微镜的发明以及之后其他许多更加精密仪器的问世，都大大拓展了人类观察的范围，提高了观测的精度。然而，不论实验的设计，还是对观察结果的分析，都离不开人的理性思维。对实在的本质进行理论假设，推论能够支持或推翻此类假设所需的实验证据，这些都是科学知识的先决条件。最后，要使自己的证言为人采信，科学专家们须引用相关知识来源，并对环环相扣的推理过程作出解释。此外，科研成果通过论文、书籍、专业期刊以及当今的电子数据库发表，为人们提供了记载分明、有据可查的集体记忆库，而这是单靠个人记忆永远无法企及的。

这般产生的知识是人类社会的宝贵财富，不仅予人以操纵自然世界的能力，而且给人以操纵彼此的力量。弗朗西斯·培根（Francis Bacon）是17世纪英国最重要的科学拥护者之一。他这样写道："人类知识和人类权力归于一；因为凡不知原因的地方便不能产生结果。"换言之，人类如能掌握大自然神秘运作的原理，便可生产出机器和药品，进而改善自身的生存状况。为了力挺当时涌现的新知识，培根还写道，"一切知识犹如上帝亲自种下的一株植物"，其在17世纪的传播与绽放，乃属上帝的命定。

要知道，在17世纪的英国，有些人将实验方法的新晋"大师"、皇家学会缔造者罗伯特·波义耳和罗伯特·胡克（Robert Hooke）等自然哲学家视为对正统信仰的威胁。在那些人看来，自然哲学家宣称能够揭示并控制自然界中的隐秘力量，这无异于试图篡夺上帝的角色。故而，自然哲学家觉得有必要消除读者的疑虑，令其相信获取这种知识相当于收割庄稼，或者用培根的话来讲就是收割"上帝亲自种下的植物"。在这个比喻中，上帝播下知识的种子，而自然哲学家则收获知识的果实。在另一个流行的比喻中，上帝不再是一位宇宙农夫，而是前文所说的写下自然之书与经文之书的作者。不过，两个比喻所依据的观念并无二致，即知识的终极根源在上帝，而人类只有掌握了特定技能才能获得那种知识。

上述稼穑和读书两个比喻的作用之一，就是让我们意识到这一事实：人类的知识（至少是自然知识）是创造出来的，而不是简简单单发现的。只有在适宜的环境中播种并以恰当的方式浇水、施肥、收割，种子才能长成庄稼、带来收成。文本的含义一般不会直白地显露出来，而要众多读者一起利用不同的历史技巧和文学技巧才能梳理出来。即便有人只想了解某一文本的"字面"含义，也绝非易事。文学研究者都知道，辨识文本作者的意图不仅困难重重而且见仁见智。科学史与宗教史表明，上述困难在阅读上帝两本书的过程中都有充分的体现，因为自然之书和经文之书都不会直白地展现其作者的意图。当然，也有人更进一步，断然否认两本书为上帝所作。他们把自然之书当作"自传"来读，并认为宗教经典不过是凡人的作品。

这就引出了另一个问题：除了前文已经提过的感官、理性思维能力、他人的见证、记忆这四个知识来源以外，是否需要将启示（revelation）增为第五个知识来源呢？犹太教徒、基督徒、穆斯林都认为上帝的作者身份能通过查考自然和他们的经书（分别为妥拉［Torah］、圣经和《古兰经》）得到印证。自然世界揭示了其创造者的力量、智慧及良善，而经书则揭示了上帝为他拣选的子民制定的计划，以及供其在生活中遵循的律法和基本道德。与这一思想相应的是，他们认为自然知识和启示知识之间尚有精微的区别。自然知识是借助（既可用来思量经文也可用来研究自然世界的）人的感官和理性而产生的。启示知识则是以超自然方式揭示的真理——要么通过经文这一媒介达成，要么由上帝直接启示给个别信徒。所谓自然神学（natural theology）是与启示神学相对而言的，指的是基于人的理性而非启示对上帝进行论述。这其中既包括通过自然世界中显而易见的设计来推论上帝的神学作品——比如威廉·佩利的名作《自然神学》，也包括论述上帝存在及其属性的纯哲学性作品。那些基于自然"不可化约的复杂性"（irreducible complexity）而提倡"智能设计论"信仰的现代书籍，依然属于自然神学传统。对此第五章会有详细论述。

关于科学与宗教的争论，几乎总会涉及不同知识来源的相对权威之分歧。譬如，在考虑有关神迹的声称时，对于见证与经验的相对权重的辩论便是如此（第三章会详述此点）。18 世纪自然神论与基督教之间的冲突也涉及不同知识来源的权威问题。托马斯·潘恩之所以反对基督教哲学家，并非因为这些哲学家在自然中找到了上帝（潘恩本人也是这样做的），而是因为他们认为上帝在圣经中也有启示，借此照样可以找到上帝。对潘恩而言，启示如有可能，只会是上帝给个别信徒的直接启示。如果上帝确曾有过如此启示，那也"仅仅对第一人而言"是启示，"对其他人而言不过是传闻罢了"。因此，经文只是凡人的见证，理性的读者无须信以为真。20 世纪创造论的拥趸采取了与潘恩相对的进路。于他们而言，圣经中启示的上帝之言乃最可靠之知识，因此凡与他们对经文的解释看似矛盾的，他们一概反对，这其中就包括有关进化的主流科学理论。一些创造论者甚至重新解读自然之书，试图融合地质学与《创世记》，提出一套自己的"创造科学"（Creation Science）。虽然理性主义者彻底拒绝启示，而基要主义者（fundamentalists）坚持所有形式的知识都须接受圣经的检验，但是更多的人则致力于设法调和他们对上帝两本书的解读，而不对任何一本书造成伤害。

伽利略的否泰沉浮

上述最后一类信徒追求圣经与自然知识的和谐，伽利略就是其中一员。伽利略认为，圣经讲的是如何上天堂，而非天体如何运行。换言之，你若想了解救赎之道，就该阅读圣经；你若对自然世界的具体运作感兴趣，则应另寻更适合的门道——基于经验的观察和基于理性的证明。当然，这个观点本身并非异端邪说，问题在于伽利略未能说服教会当局将这一观点所体现的原则应用于他的案件。一般而言，天主教教会并不反对信徒研习数学、天文学及其他科学，但是像伽利略那样的平信徒个体可在多大程度上挑战圣经和教会的权威，教会自有其底线。伽利略恰恰逾越了那些底线。伽利略的逾越故事，涉及三个主角，即望远镜、圣经以及教宗乌尔班八世（Pope Urban VIII）。

17 世纪初，仅有一小撮自然哲学家认为哥白尼天文学可能是对宇宙的准确描述，而伽利略就是其中之一。对此类问题感兴趣的大多数人们——包括罗马天主教教会内的数学家和天文学家们，都认可源自古希腊哲学家亚里士多德（Aristotle）的物理学与宇宙学体系。时行的亚里士多德学派科学中有两方面的内容行将受到伽利略的质疑。第一个是 2 世纪古希腊天文学家托勒密（Ptolemy）提出的地心体系模型。这是当时标准的宇宙模型，虽然有些复杂且存在技术问题，但作为一种工具来计算恒星和行星的位置，其准确性并不亚于哥白尼模型。另外，托勒密模型还有一个优势，即符合人们"地球不动"的常识和直觉。亚里士多德学说将要招致反对的第二个方面，就是把宇

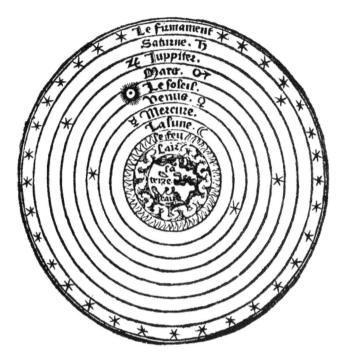

图2　绘制于16世纪的托勒密地心宇宙体系视图。中央代表的是俗世，由土、水、气、火四种元素构成，周围环绕着月亮、水星、金星、太阳、火星、木星、土星诸天球，最外层为恒星天球。该体系曾得到亚里士多德的背书，而在17世纪初几乎所有的自然哲学家仍然认可该体系。

宙分为月下和月上两大区域。月下界包含了月球轨道内的一切，被认为是堕落的、不完美的区域，由土、水、气、火四种元素构成。月上界则为所有天体的领域，那里的一切都由第五种元素"以太"（ether）构成，所有的物体都在进行完美的圆周运动。

　　伽利略对天文学的巨大贡献，在于使用一架新发明的光学仪器（1611年被命名为"望远镜"）收集观测结果，由此向上述亚里士多德和托勒密的理论发起了挑战。伽利略本人并未　25

发明望远镜，但当他听说这一发明后，便立即做出了升级版的望远镜。最早的望远镜是在荷兰制造的，只能放大三倍。经伽利略改进后，望远镜可以放大二十倍。伽利略将望远镜转向天体，发现了蔚为壮观的结果。这些观测结果随后发表在两本书中——《星际信使》(*The Starry Messenger*，1610年)和《论太阳黑子信札》(*Letters on Sunspots*，1613年)。这使得伽利略名噪一时，成为公认的杰出观测天文学家和欧洲最重要的自然哲学家之一。这两部作品也表明伽利略更倾向于哥白尼的天文学说。

只需通过几个例子，就可说明伽利略是如何利用望远镜反对亚里士多德学派科学的。伽利略最具说服力的一个发现或许要数这个：通过望远镜可以观察到金星会出现相位。换言之，与月亮一样，金星的形状在月牙状和圆盘形之间不停变化。这强烈暗示金星在围绕太阳运转。人们知道金星在天空中总是靠近太阳，假如托勒密体系是正确的，且假如金星划出的轨道比太阳的轨道更靠近地球，那么金星应该始终以细小的新月状出现呀！其次，伽利略还利用多条关键观察结果，动摇了亚里士多德学派坚持将宇宙分为月下和月上两大区域的观点。伽利略通过望远镜发现，月亮实际上是一颗由岩石构成的卫星，上面有许多凹坑和山脉。这样看来，月亮与地球更像一些，而非一颗由以太构成的完美天体。伽利略还发现，木星周围有四个卫星或者说月亮。这一发现推翻了反对哥白尼理论的一个常见理由。根据托勒密理论，月球是几个行星中离地球最近的一颗，所有这些行星都以地球为中心运转。然而，如果哥白尼是正确的，月球就必然要围绕地球运动，而地球则围绕太阳运动。那么，一颗天体有没有可能围绕宇宙中心之外的另一个中心运转呢？现在，不论木星围绕地球还是围绕太阳运转，木星在轨道上运行时有四颗卫星相伴，这一发现说明天体完全有可能围绕另一个中心运转。最后，伽利略还发现了太阳黑子，这进一步削弱了亚里士多德学派主张的观点——完美的天体与多变且不完美的地球之间存在天壤之别。

正是伽利略的这些作品使得哥白尼主义在 1610 年代备受关注。伽利略清楚自己提倡的新天文学会引发来自神学和科学的反对。之所以会引发来自神学的反对，原因之一在于哥白尼天文学与圣经有明显不一致的地方。旧约中有些篇章提到了太阳在天空运行，还提到了地球静止不动。人们经常引用的一段经文出自《约书亚记》，其中讲到在以色列人报复亚摩利人（Amorites）的时候，上帝让太阳和月亮在天上停住，以便照亮大地。[①] 为了提前应对有人引证圣经反对地球运动的观点，伽利略于 1615 年写下《致大公爵夫人克里斯蒂娜》(*Letter to the Grand Duchess Christina*) 这一信件，在信中明确阐述了在自然知识与启示知识之间貌似出现冲突时应该如何处理。伽利略主要引用了天主教教父们的观点，尤其是圣奥古斯丁（St Augustine）的观点，其核心观念就是"俯就原则"（principle of accommodation）。根据这一原则，由于圣经最初的启示对象是受教育水平相对不高的人群，所以圣经便采用了与他们有限的知识相适应的语言。由于《约书亚记》的读者相信地球不动而太阳围绕地球运动，所以上帝之言便以他们可以理解的措辞表

---

① 参见《约书亚记》10:12-14。

达了出来。所有人都同意，圣经中提及上帝"右手"的措辞或者有关上帝表现出诸如愤怒等人类情感的描述，不该按照字面意思去解读，而要理解为了适应常人的理解所做的变通表达。伽利略认为应该用同样的态度去理解圣经中有关太阳运动的篇章。至于伽利略采用的另外一个一般原则，前文已经提及，即圣经只应在关涉救赎的事务中占据主导地位。在自然知识方面，如果经文与现有最好的科学相悖，那么经文就需重新解读。

　　所有这些都符合圣奥古斯丁在 4 世纪对待经文的态度。所不同者，在于伽利略著书立作的时间正处于天主教教会保守观点日益高涨之时。16 世纪前几十年在德国和英国开始的新教改革运动，在 17 世纪依然势头不减，使欧洲在政治上和宗教上进一步分裂，给天主教教会带来重重危机。基督新教各派的核心教义之一，在于强调圣经的重要性以及个体信徒通过母语阅读圣经的权力，反对仅仅通过神父及教会公会议的教义声明来理解基督教的教导。为了应对宗教改革运动，天主教教会召集了一系列会议，统称为"特伦托公会议"（Council of Trent，1545–1563 年）。该大公会议宣言中有一条专门指出，在涉及信仰和道德事务方面，

　　　　神圣的母教会（Holy Mother Church）拥有判定圣经真正意思与含义的权力，任何人不得依赖自己的判断、按照自己的观念歪曲圣经，其对经文的解读不得与教会历来认可的意思相悖，更不得与教父们的一致意见相悖。

　　这些教义是为抵制宗教改革而定下的。放在这一大背景下

来看，伽利略在《致大公爵夫人克里斯蒂娜》中的潜台词——
一个像他一样的平信徒有权告诉"神圣的母教会"哪些经文需
要重新解读以及如何解读——会让教会觉得不仅桀骜不驯，而
且具有危险的新教倾向。伽利略在 1632 年用普通意大利语而非
学术拉丁语出版了《关于两大世界体系的对话》，此举进一步加
深了教会方面的这种印象。

早在 1616 年，宗教裁判所便要求某委员会就哥白尼主义
问题向其汇报。该委员会宣布，哥白尼主义是一门错误而又荒
谬的科学学说，且与圣经中的教导相背离，因此属于异端邪
说。伽利略本人也被传唤至枢机主教罗伯特·贝拉明（Cardinal
Robert Bellarmine）那里，主教告诫他切勿持有或者拥护哥白
尼天文学。与此同时，哥白尼的《天球运行论》虽然自印行以
来一直未受重视，此时也被要求停售等待"修正"。这样一来，
伽利略虽然让哥白尼主义以及教会对于圣经的态度重新受到关
注，结果却事与愿违，哥白尼主义被宣布为异端，而教会对待
圣经的态度也在更为保守的观点上日趋强硬和根深蒂固。

1623 年，枢机主教马费奥·巴尔贝里尼（Cardinal Maffeo
Barberini）当选为教宗乌尔班八世，这对伽利略来说无异于祷
告的应验。巴尔贝里尼是佛罗伦萨人，不仅接受过良好的教育
而且很有文化涵养。更有利的是，巴尔贝里尼自 1611 年以来一
直非常赞赏和支持伽利略的工作。他甚至在 1620 年写了一首名
为《危险的奉承》(Adulatio Perniciosa/In Dangerous Adulation)
的诗来歌颂伽利略借助望远镜作出的重大发现。1624 年，伽利
略与乌尔班八世有过数次会面，其间乌尔班八世向伽利略保证，
伽利略可以在自己的作品中讨论哥白尼理论，但只能将其作为

图 3　教宗乌尔班八世马费奥·巴尔贝里尼画像，济安·洛伦索·贝尔尼尼（Gian Lorenzo Bernini）作于 1632 年。是年，伽利略出版了《对话》，书中借亚里士多德学派哲学家"辛普利西奥"之口表达了教宗的观点。

多个假设中的一个来讨论。乌尔班八世认为，全能的上帝可随心所欲地使天体以任何方式运动，若有人宣称已经发现了神意命定天体运动的具体方式，未免显得有些恣意妄为。尽管如此，伽利略还是放心地离开了罗马，旋即开始写作《关于两大世界体系的对话》，并于 1632 年出版。

真正的麻烦便由此开始了。伽利略的《对话》是在一个亚里士多德学说的追随者、一个哥白尼学说的信奉者和一个具备基本常识的普通人之间展开的。虽然伽利略在讨论中试图对各派学说做到不偏不倚，但是大多数读者可以明显看出，书中支持哥白尼日心体系的证据明显要比支持老派地心说的证据有力得多。实际上，伽利略通过此书宣扬了哥白尼学说，从而违反了宗教裁判所 1616 年的禁令以及乌尔班八世 1624 年给伽利略的指示。麻烦还不止于此呢。伽利略在《对话》中将亚里士多德学说的信奉者命名为"辛普利西奥"（Simplicio）。此名是 6 世纪一位亚里士多德学派哲学家的名字，但也含有"头脑简单"的意思。更具挑衅意味的是，头脑简单的辛普利西奥提出的论证之一，正是乌尔班八世本人 1624 年说于伽利略的观点，即上帝可以按其意愿以任何方式促生自然结果，所以宣称关于物理因果关系的某一假设为真理是错误的。伽利略的"忤逆"已让教宗深受伤害，而如此露骨的嘲讽更让教宗感到人格受辱。此外，时运不济也让事态更加恶化。《对话》于 1632 年传到罗马之时，适逢教廷处于巨大政治危机之际。是时，欧洲三十年战争进行正酣，乌尔班八世正忙于放弃法国而与西班牙联盟，自然难有宽仁之心。教宗需要向其保守派新盟友展示自己作为信仰捍卫者的果决和权威。于是乎，伽利略便被传唤至罗马并接受宗教裁判所的审判。

　　与三个世纪后美国斯科普斯审判一样，1633 年伽利略审判的结果不出人们所料。伽利略被判有罪，因他公然违背 1616 年裁判所的禁令而传播哥白尼异端学说。伽利略获罪是因为违抗教会，而非因为通过观察和推理研究自然世界。伽利略的落难，既有他在圣经阐释方面涉足过深的原因，也与他对自己与教宗乌尔班八世关系的政治误判有关。回顾历史，伽利略对哥白尼理论的最终成功做出了关键贡献；后经其他科学观点的补充（比如开普勒以椭圆轨道取代圆形轨道对行星运行所做的研究以及牛顿万有引力定律的发现），哥白尼理论终于得到人们的普遍接受。然而，在 1632 年的人们看来，哥白尼理论相较于当时的其他宇宙理论（比如第谷·布拉赫［Tycho Brahe］的妥协理论，即认为太阳围绕地球运转，而其他星球则围绕太阳运转），优势并不明显。因此，一位客观观察者也会认定这个科学问题一时难有定论。所以，当时的人要在教会宣称包含于经文之书的教义与伽利略通过望远镜从自然之书中读到的教义之间作出判断，可谓难上加难。

表象与实在

　　在有些人的记忆中，伽利略事件表现了科学与宗教的冲突，而历史学家则表明，伽利略事件从根本上讲是关于谁有权生产知识并传播知识这一持久政治问题的论争。试想一下，在进行反宗教改革运动的罗马世界，在如火如荼的三十年战争将分别信奉新教与天主教的欧洲列国不断推向对抗深渊的当头，伽利略却宣布他可以通过个人的阅读与推理平息知识来源的争论。在教会看来，这是极其放肆之举，而且对教会权威构成了直接威胁。

伽利略事件还可用来说明另一个哲学问题，也就是实在论问题；它是现代科学与宗教争论的核心所在。实在论之争主要体现在这个方面，即科学理论对于磁场、黑洞、电子、夸克、超弦等不可见实体究竟有多大的解释力。实在论者认为，科学就是用来准确描述此类实体的。反实在论者则对能否准确描述此类实体持不可知态度，他们认为科学充其量只能对可见现象进行准确预测。乌尔班八世对天文学便持反实在论态度或者说"工具主义"态度，而持有类似立场的神学家和哲学家在 16 世纪和 17 世纪并不少见。在他们看来，托勒密体系和哥白尼体系可用来计算和预测恒星与行星表现出来的运动，但人们无从判断究竟哪个体系或者何种体系代表了上帝选择的宇宙构造方式。实际上，哥白尼的《天球运行论》首次出版时，前有路德宗信徒安德烈亚斯·奥西安德（Andreas Osiander）所作的序言①，其中指出哥白尼理论的初衷是作为一种计算工具，而非提供一种物理描述。

伽利略则不然，他持有鲜明的实在论立场。事实上，正因为伽利略坚持认为日心说体系代表了宇宙的物理实在，才导致他被传唤至宗教裁判所接受审判。伽利略是世界上最早的科学学会之一"猞猁学院"（Academy of Lynxes）的院士，该学院由切西亲王（Prince Cesi）于 1603 年设立。之所以取猞猁一

---

① 奥西安德及其追随者后因错误的称义教义被路德宗定为异端。

图 4　弗朗切斯科·斯泰卢蒂所刻《蜜蜂图》(*Melissographia*，1625年），借助伽利略所赠的一架显微镜制作而成，并献给教宗乌尔班八世。①

---

① 图中顶部文字为拉丁文：URBANO VIII PONT OPT MAX（［献给］至高教宗乌尔班八世）。下部为一首拉丁文诗，大意是赞颂通过新显微技术所实现的科学成就。

名，是因为人们认为猞猁可以在黑暗中看到其他动物看不到的东西。伽利略和其他猞猁院士们在研究中利用了望远镜和显微镜等新式科学仪器，并结合了推理的力量以及数学语言。他们不仅要找到可用来预测可见现象的模型，而且要利用宇宙中不可见的结构与力量来解释可见现象。他们似乎成功在望了。除了伽利略通过望远镜获得的天文发现外，显微镜也开始揭秘另一个原先并不可见的世界。切西亲王利用伽利略送给他的显微镜，在 1620 年代进行了有史记载的首次显微镜观测研究。他对于蜜蜂的观察结果被弗朗切斯科·斯泰卢蒂（Francesco Stelluti）使用雕版记载了下来。切西亲王在请求乌尔班八世批准设立猞猁学院时还利用了这一成果。顺便一提，乌尔班八世的家族盾徽上就刻有三只大蜜蜂。

　　实在论者与反实在论者之间的辩论历来都是科学哲学生动而精彩的一部分。辩论双方都立足于貌似非常合理的直觉。实在论者的直觉认为，我们的感官印象是由外部世界引起的，而外部世界的存在及其拥有的属性都独立于人类观察者，因此我们可以去探索世界的属性，确认我们存疑的实体是否可被直接观察到。反实在论者的直觉则认为，人类个体或集体所发现的 34 一切都是世界看上去的表象。我们就生活在这样一系列无穷无尽的感官印象之中，而我们决不能将这些印象比同于事物内部的本质。我们无法揭开现象的面纱（哪怕只是一瞬间）去验证我们对于实在的描述是否正确，所以除了世界给予我们的印象之外，我们对于世界可以说一无所知。故而，反实在论者得出这样的结论：对于科学家们为解释感官印象所假设的隐秘力量和结构，我们应该继续保持不可知的态度。

现代社会中有关科学实在论的辩论主要集中在如何评价科学取得的成功上。实在论者认为，基于假定的不可见实体之上的科学理论——例如量子物理——在解释物理现象、干预自然以产生新效能、提供愈来愈详尽和准确的预测等方面都取得了成功，这如果不是神迹的话，便说明那些假定的实体——例如电子——的确存在，而且确实拥有科学家所说的那些属性。对此，反实在论者有两个巧妙回应。首先，他们可以指出科学的历史就是一座堆积废弃科学理论的坟场，这些理论一度曾是最受认可的理论，而它们假定存在的那些实体后来证明并不存在。18 世纪的燃烧理论就是如此，该理论认为物质在燃烧时会释放出一种叫"燃素"（phlogiston）的东西。19 世纪物理学中的"以太"（ether）也是如此，当时的理论认为电磁波的传播必须借助以太作为介质。既然我们现在认为并不正确的一些理论在过去有过许多成功的预测（比如托勒密天文学，该理论曾在多个世纪中获得过巨大的成功），那么我们就没有理由认为现在取得成功的科学理论是正确的。要知道，不论正确的理论还是错误的理论，都能帮助我们作出准确的经验性预测。

反实在论的第二个观点是 20 世纪的两位著名哲学家——托马斯·库恩（Thomas Kuhn）和巴斯·范·弗拉森（Bas van Fraassen）——提出的。库恩的《科学革命的结构》（*The Structure of Scientific Revolutions*）首版于 1962 年，现已成为相关领域的经典之作，也是关于科学知识最受欢迎的著作之一。该书主要讨论库恩所说的科学史上的"范式转移"（paradigm shifts），即一种主流世界观被另一种世界观所取代，例如托勒密理论之被哥白尼学说取代，纯牛顿主义之被爱因斯坦物理学

35

取代。库恩把科学进步比作一种达尔文式的变异和筛选过程。他认为后来的理论更具准确性和预测性并不表示它们的描述更加接近实在；这些理论因其工具性能力和解决难题的能力有所提升而被科学团体从众多备选理论中挑选了出来，仅此而已。范·弗拉森在其1980年出版的《科学的形象》（*The Scientific Image*）一书中同样采用了这种"达尔文式"阐释来解释科学的成功。弗拉森认为，好比自然会淘汰不能适应的变异物种一样，科学家们也会丢弃那些不能做出正确预测的理论，而继续使用那些能够做出正确预测的理论。所以，随着时间的推移，科学理论的预测能力自然越来越强，这丝毫不足为奇，更算不上什么奇迹了。这些理论之所以被选中，纯粹是因为其工具性的成功，而这一成功无须借助不可见的实体去解释。

科学与宗教都很关注可见领域与不可见领域之间的关系。《尼西亚信经》（The Nicene Creed）中有这样一条，宣称上帝创造了"一切有形、无形的万物"。圣保罗在《罗马书》中写道："自从造天地以来，上帝的永能和神性是明明可知的，虽是眼不能见，但藉着所造之物就可以晓得。"[1] 不过，神学家中也有反实在论者。他们所用的直觉与科学反实在论者所持有的类似。由于我们（至少目前）无法验证自己关于上帝的想法是否符合神圣实在，所以无论从宗教经典、传统还是理性所得的关于上帝的命题就不得视为完全正确，而只能算作人类理解自身经验和观念的尝试。在极端情况下，神学上的反实在论甚至近似于无神论。此外，还有一种比较接近正统的传统，可称为神秘

36

---

① 《罗马书》1:20。

神学或"否定"（negative）神学。该派神学强调上帝的超越性（transcendence）与渺小人类的有限认知之间存在着鸿沟，而且断言凡主张人类的构想可以把握神圣实在的想法都属妄想。这种神学面临的一个问题是，如果人类理性能力真的太过弱小而丝毫不能正确描述上帝的属性，那么连上帝存在的说法也没有多大意义了。正因如此，许多人依然在不断尝试着去超越可见，去探索不可见，希望完成一项看似不可能完成的任务——揭开现象的面纱，发现事物的本来面貌。

有人认为自己看到了面纱背后的真相，但是面纱背后的真相究竟是什么，却又众说纷纭：有的说是一架非位格化的宇宙机器，有的说是一团处于运动状态的物质，有的说是一个为严格的自然法则所掌控的系统，还有的说是一位全能的上帝在他的创造物中通过创造物发挥作用。我们到底该相信哪种说法呢？

第三章

上帝会在自然中行动吗?

　　超自然现象和奇迹曾在历史上发挥过重要的社会功能，让一些个人、运动或者机构显得具有特别的神赐权威。革命家、教师、先知、圣徒，甚至某些特殊地点和物体，都曾被认为拥有施行神迹的能力。自然力量是宇宙中最难抵御的力量，而神迹所显示的可与之抗衡的力量曾给予许多面临迫害、贫困之苦或者自然灾害的团体以鼓励和希望。

　　在此，我们不妨以一位名叫阿加莎（Agatha）① 的早期基督徒殉道者的故事为例。阿加莎是位美丽纯洁的少女，是 3 世纪西西里岛（Sicily）饱受迫害的基督徒之一。她拒绝了一位罗马地方官的求爱，由此受到惩罚，被送进当地一家妓院。根据传说，阿加莎既不愿放弃信仰，也不愿放弃贞操，因此遭受了更多的折磨与惩罚，甚至双乳都被人用钳子拧了下来。在罗马天主教的一些画像中，可以看到阿加莎用盘子端着自己被拧掉的双乳。阿加莎的伤口据说因看到圣彼得的异象而奇迹般地愈合了，不过她还是遭受了更多的惩罚，最后则被拖进燃烧的煤炭和碎玻璃之中。据传就在迫害者拖着阿加莎穿过燃烧的煤炭和碎玻璃时，上帝发动了一场地震，令数名罗马官员丧命。此后

---

① 天主教中文文献中有时称之为圣女亚加大。

不久，阿加莎也在监狱中死去。

贞女殉道者圣阿加莎的故事并未就此结束。在她死后，西西里岛卡塔尼亚（Catania）的人们将她奉为自己的保佑者和主保圣人。据当地民间传说，阿加莎去世后的那一年，埃特纳火山（Mount Etna）爆发，有人将阿加莎的面纱朝着火山举起，熔岩便改道流向他处，卡塔尼亚城因此得以幸免。据说在后来的数次火山爆发中，阿加莎的面纱都以同样神奇的方式保护了卡塔尼亚居民。一些信徒还认为，正是圣阿加莎的代祷在1743年阻止了瘟疫蔓延到卡塔尼亚。在这些奇异事件中，信徒会求助某位圣徒的超自然干预来抵御自然灾害，而自然灾害在那时又被解释为上帝的行为。虽然自然媒介与超自然媒介之间的互动在上述传说中并非那么直接明了，但是其中传递的信息非常明确：上帝关心卡塔尼亚人民，并会因其与圣阿加莎的联系而保护他们。

世界各大宗教传统都肯定，上帝有能力通过直接的方式或通过所拣选的圣徒和先知的介入而违反自然法则，从而实现其意愿。上帝向摩西、圣保罗和使徒的各种自我启示，以及通过天使加百列（Gabriel）给穆罕默德的启示等等，本身都被认为是神迹事件。圣经中记载，摩西曾将红海分开，上帝为惩罚埃及人而降下瘟疫，并给选民从天上赐下吗哪作为食物。福音书坚称，耶稣在水上走过，治愈了病患，使死者复生，且其本人也在十字架上奇迹般地复活。《古兰经》也讲到了摩西和耶稣（尔撒）施行的神迹，其中有一个片段是圣经中未曾记载的：据说耶稣用泥捏了一只鸟，吹口气进去，奇迹般地把它变成了一

图 5　圣阿加莎用盘子端着自己被拧掉的双乳。17 世纪西班牙画家
弗朗西斯柯·德·苏巴朗（Francisco de Zurbaran）作。

只真正的鸟。① 虽然穆斯林对于穆罕默德本人是否施行过神迹存在争议，但《古兰经》中有月亮裂开的记载，这被视为对穆罕默德先知地位的确认。

时至今日，神迹事件依然时有报道。此类神迹常以某某的疾病得到奇迹般痊愈的形式出现——前往法国卢尔德（Lourdes）圣母玛利亚祠的朝圣者，或是参加由灵恩派牧师主持的、宣称能够提供神圣治疗的宗教复兴运动聚会的信从者，都会寻求这种神奇疗效。此外，宗教雕塑泣血或者喝奶的奇异事件也时有报道。比如，1995年9月，新德里传出神像喝奶的新闻，据说印度教象头神（Ganesh）和湿婆（Shiva）的神像似乎喝下了几匙牛奶。不久后，同样的现象不止出现在印度的许多神殿中，而且出现在包括英国在内的世界各地的许多庙宇中，甚至英国一些超市的牛奶销量一度因此而骤增。如同其他许多类似现象一样，神像喝奶不久便有了一个理性的科学解释：汤匙中的牛奶通过毛细管作用（与海绵和纸巾吸收液体的原理一样）被吸走，而后又从神像的前部流了下来。对于神像喝奶的政治解读也接踵而至。印度执政党国大党宣称，所谓的神像喝奶神迹是反对派印度民族主义者为了在选举中获利而故意散播的传言。一个印度右翼政党领袖则为此神迹事件进行了辩解："否认该神迹的科学家都是胡说八道，他们大都是无神论者和共产主义者。"

无论作为特定个人之特殊地位的证明，还是作为特定教义之真理的证据，抑或作为对某一运动更为宽泛的世俗诉求和

---

① 参见《古兰经》5:110。

政治诉求的支持，征兆、奇事和神迹在各宗教传统中都占有核心位置。虽然有些信徒乐于把奇事和神迹视作上帝之实存与力量的明证，但是有的信徒却为此感到尴尬。屡见不鲜的是，关于神迹的报道到头来似乎并非源于什么超自然的现象，而是源自人性的弱点，诸如天真想象、轻信盲从，甚至欺骗作假之类。神迹报道会让宗教显得既迷信又原始。除了怀疑论者，宗教信徒也会自问：有关超自然的神奇现象的传说在科学时代里是否真的可信？正如本章后面的内容所示，有关神迹的神学问题、哲学问题以及道德问题，与相关科学问题一样难以回答。

神学家的窘境

悲哉，可怜的神学家！在解释现实世界中上帝的行动时，他们似乎进退维谷。一方面，如果神学家们肯定上帝确实通过神迹干预的方式在自然世界中行动，那么他们就必须解释清楚：为何上帝只在某些场合行动，而在其他无数场合没有行动？为何神迹的证明那么不堪一击？神迹又该如何与我们对宇宙的科学理解相一致？另一方面，如果神学家们否认"上帝经由神迹干预而在自然界中行动"，那么他们的信仰似乎与自然神论并无多大区别——自然神论认为上帝创造了宇宙，之后在宇宙中便不再作为。如果上帝确实存在，难道我们不该期望至少能够观察到一些特殊的上帝行动吗？神学家似乎不得不在一位变化多端、施行神迹、修缺补漏的上帝与一位不在场的、漠不关心的、不可探察的上帝之间做出选择。但是无论哪位上帝，听起来似乎都不适合作为人们爱戴和崇拜的对象呀！

神学家的工作在于尝试阐明上帝如何在自然中通过自然作为，同时避免将上帝描述为上述两种乏味的漫画形象。为此，神学家们采用了诸多区分策略。一是将作为万有实在之首要原因的上帝与被用以实现上帝之目的的自然原因（即次级原因）区别开来。一是将"普遍摄理"（general providence）与"特殊摄理"（special providence）区分开来：前者指自然与历史依据上帝意志而展现的方式，后者指那些更加直接地显露上帝权能的罕见行动，也就是神迹。如果将那些体现特殊摄理的作为局限于极少数人，或许仅限于那些经文中所证实的人或者那些与为数不多的重要先知型人物的生活相关的少数人，那么上帝在现实世界中的干预或许就不会显得那么反复无常了。不论在基督徒中还是穆斯林中，都有一些人认为上帝通过神迹和启示显示自己的时代已然过去。

为了进一步说明神学家们所面临的困境，我们不妨以法国的卢尔德镇为例。每年都有数百万朝圣者涌进这座位于比利牛斯山脉（Pyrenees）山脚的小镇。据传，一位目不识丁、患有哮喘的农家女孩贝尔纳黛特（Bernadette），曾于1858年在卢尔德看到过童贞女圣母玛利亚的幻影，并在那里发现了一眼泉。此后，有成千上万的人声称自己在饮用泉水或用泉水沐浴后疾病奇迹般地痊愈了。教会则非常清楚，此类痊愈案例可能有这样那样的自然解释。例如诊断可能有误，疾病也可能意外缓解，而通过心身影响而痊愈的疾患也不少见。因此，教会在宣布某一疾患的痊愈为神迹之前，都须进行一系列详尽的调查。卢尔德国际医学委员会（Lourdes International Medical Committee）指定了一批医生组成一个小组，专门研究并确认病患的原始诊

LA GROTTE DE MASSABIELLE
à LOURDES (H.tes Pyrénées.)

图 6 这幅 19 世纪的画像展示了前来卢尔德的朝圣者们在贝尔纳黛特看见过圣母玛利亚幻影的地方祈祷的情景。石窟中有一尊圣母玛利亚的雕像，雕像下方悬挂着那些被治愈的病患用过的拐杖。①

断是否可靠，以及病患在卢尔德的痊愈是否是突然、彻底而持久的。医生们在完全确信某些痊愈案例绝对找不到自然原因或医学解释后，会将这些罕见的案例上报给教会当局，而教会当局有权决定是否宣布这些痊愈案例为神奇的"上帝的记号"。自1858 年迄今，朝圣者声称在卢尔德得到痊愈的案例数以千计，而教会只宣布了其中 67 个为神迹，其中最新被宣布为神迹的案例是安娜·圣阿涅洛（Anna Santaniello）。她患有严重的哮喘

---

① 图底部文字说明为：LA GROTTE DE MASSABIELLE à LOURDES (H.tes -Pyrénées.)（马萨比耶勒石窟，在卢尔德［上比利牛斯省］）；图中左下标语为：VA BOIRE ET TE LAVER A CETTE FONTAINE（去泉水这里饮用并清洗吧）。

和关节炎，但在1952年来卢尔德朝圣期间突然痊愈了。教会在承认圣阿涅洛的案例为奇迹痊愈之前，进行了长达五十年的考虑和权衡。

由于教会实施了这一谨慎而精挑细选的过程，卢尔德的朝圣者所声称的痊愈案例只有很少一部分被宣布为神迹。这表明教会在维护传统上对于特殊摄理的信仰的同时，也需要保持自身的公信力。如果草率地宣布无数壮观的神迹，或许会给人留下过度轻信的印象，或者会让人觉得上帝太爱管闲事了。另一方面，盼望超自然力量能够以某种方式显现于忠诚信徒的日常生活，这是天主教信仰的一个基石。而且，宣称上帝的确会在信徒日常生活中行动，对于天主教的教义主张以及教会在世俗世界的权威都是一种支持。卢尔德在19世纪逐渐成为著名的朝圣地点，这一现象本身可在一定程度上视为民众对当时遭到许多世俗主义者及理性主义者批判的法国天主教教会的支持。

"莫非上帝就活在空隙中？"

与天主教徒相比，新教神学家历来都更加怀疑神迹（圣经中记载的神迹除外）。在宗教改革时期，新教徒批判天主教的圣徒崇拜尤其是圣母玛利亚崇拜，批判天主教徒相信圣物遗迹具有神奇力量的信念，从而将罗马天主教教会描述为沉沦迷信并崇拜偶像。晚近以来，新教的福音派和五旬节派在礼拜中也会涉及一些奇迹或神迹，比如治病和说方言等。然而，新教思想中一直延续着这样一个传统，即认为神迹时代已成过去，上帝的行为不需从特殊干预中去寻找，而要从作为整体的自然和历史中去探查。

对于神迹的这一重新解读，我们不妨以两位新教神学家为例来说明。德国思想家弗里德里希·施莱尔马赫（Friedrich Schleiermacher）甚至重新定义了神迹，认为神迹"仅是对事件的宗教称谓而已"，而非违背自然法则的意外之事。换言之，神迹只在宗教信徒眼中才成为神迹。近一个世纪后的1893年，苏格兰福音派神学家亨利·德拉蒙德（Henry Drummond）在波士顿做了一系列讲座，讨论了基督徒应以何种态度对待进化论的问题。他告诉听众，神迹"并不是**快速发生的**"。相反，进化的整个缓慢过程才算得上神迹。通过进化的进程，上帝不仅创造了山脉和峡谷、天空和海洋、鲜花和星辰，而且还创造了"爱——随着时间的推移，爱在宇宙万物之中以日益增长的确信，将自己推荐给人的理性和心灵。爱实乃进化的终极结果"。德拉蒙德的意思是说，真正的神迹是"爱"这一产品，而非产生这一结果的某种自然进程或超自然进程。

德拉蒙德在讲座中还提出了"空隙中的上帝"（God of the gaps）这一观念。他说那些"虔诚的人们孜孜不倦地扫视着自然田野和科学书籍，以期找到空隙，好把上帝安插其中。莫非上帝就活在空隙中？"德拉蒙德强调说，上帝应该从人的知识而非人的无知中去找寻。他进而指出，如果上帝只会在特殊的、偶然的作为中显现，那便意味着上帝在大多数时间是不在场的。他由此发问：一个存在于万物中的上帝，和一个只存在于偶然神迹中的上帝，哪种上帝概念更为高贵呢？德拉蒙德总结道："临在的（immanent）上帝就是进化背后的上帝，这一上帝概念要比旧有神学中作为偶然奇迹制造者的上帝概念宏大得多。"

卢尔德医学委员会只在缺乏自然原因和科学解释的案例中找到了上帝的迹象，而"智能设计论"的支持者则将其需要一位设计者的论据基于进化科学中出现的所谓缺陷之上，两方实际上都在宣扬一位只住在现有知识之空隙中的上帝。德拉蒙德向其听众所提的问题至今依然掷地有声："当这些空隙被填满时，我们该如何自处？"另一方面，我们又该如何理解德拉蒙德的临在之上帝呢？如何理解那些从自然世界显现的复杂性中探查神圣行动的当代神学家们的上帝呢？如果上帝均等地存在于所有自然进程中，甚至均等地存在于所有人类活动及历史事件中，那又怎能说上帝是良善的而非邪恶或冷漠的？或者怎能说这样一个上帝会对人类生活抱有特别的兴趣呢？

现代科学的整个历史可以解读为一则寓言，不断强化着德拉蒙德的上述警告，即切莫将上帝置于人类对于自然世界的知识之空隙中。举一个非常有名的例子：牛顿曾被问及许多问题，诸如为何我们太阳系中的行星在各自的轨道中持续运动而没有逐渐减速并被吸向太阳，或者为何遥远的恒星并没有因为引力作用而相互靠近等等。为了解答此类问题，牛顿提出了这样的假设：为使恒星和行星保持在各自恰当的位置上，上帝必须时不时地进行干涉。牛顿的这一假设受到了他的劲敌和批评者——德国人 G.W. 莱布尼兹（G. W. Leibniz）——基于神学立场的抨击。1715 年，莱布尼兹在一封信中写道，牛顿的上帝缺乏前瞻性，未能一次性创造出一个正常运转的宇宙。这位上帝似乎需要"时不时地拧紧他的钟表"，还要"时不时地进行清理"，甚至要"像钟表匠修表一般对宇宙进行维修"。"如此一

46

来，这位上帝更像一位不大娴熟的工匠，因为他不得不经常修补自己的作品，以确保其正常运作。"到了 18 世纪和 19 世纪，随着太阳系的理论模型和数学模型变得日益精确，越来越多的科学家不时会有出格之论。当拿破仑问及上帝在其宇宙系统中位居何处时，据传法国物理学家皮埃尔·西蒙·德·拉普拉斯（Pierre Simon de Laplace）回答说他"无需那个假设"。

纵观地质学、博物学以及生物学的历史，都可以看到这样一个类似的模式：上帝的特殊行动（洪水、火山、地震；不同物种被单独创造；生物对环境的每样适应现象背后的智能设计）被逐渐从科学图景中剥离出来，进而为更为缓慢的、统一的、定律式的自然进程所取代。我们在下一章中将会讨论到，在贝尔纳黛特在卢尔德看到异象的次年，达尔文发表了《物种起源》，其中谈及了上帝，但仅仅将上帝视为自然法则的制定者。当自然法则即那些"次级原因"（secondary causes）被刻印于物质之后，似乎无需创造者的进一步介入便能够产生最为奇妙的结果。

自然法则

牛顿、波义耳、笛卡尔（René Descartes）等现代科学的先驱们从未打算削弱宗教信仰。他们绝无此意。他们将自然视为一个受数学法则控制的、由机械相互作用组成的有序系统。他们希望人们能够通过这一新视角看到可以证明上帝的权能和智慧的最有力之证据。1630 年，笛卡尔在致天主教神学家马林·梅森（Marin Mersenne）的信中写道："上帝在自然中立下

47

49

数学法则，就像国王为自己的王国制定法律一样。"大多数近代科学家理所当然地以为，上帝既然决定了自然的正常运转机制，那他也可以随时随意停止或更改自然运转的常规。尽管如此，他们采用的方法却倾向于视上帝为一位设计者和立法者，而非一位爱干涉的神迹制造者。这些科学先驱们发起的合作大业基于这样的假设：自然现象的确受严格法则的支配，而这些法则可以用数学准确地表达出来。许多科学家还做出了进一步的假设，认为这些自然法则最终将简化为一个统一的理论。科学在使用那些法则来解释自然方面取得了很大成功，这莫非等于证明了上帝不能在自然中发挥作用了吗？

也不见得。理解自然法则的方式有多种。我们不必将自然法则视为约束一切实在的实体或力量。相反，我们可以采用一种更为适切的方式来解读自然法则，将其视为我们目前能够获得的用以描述在特定情形下（通常都是只有实验室中才能创造出来的高度受限的条件下）特定体系之行为的最佳经验概括。我们也不必相信有的法则——比如物理学法则——要比通过生物学、社会学或者日常经验获得的知识更为"重要"。虽然在处理原子和亚原子实体时，量子理论可以提供极为准确的经验预测，但量子理论并不适用于更大更复杂的系统，比如火山、面纱或者贞女——这些可分别用地质学、材料科学、心理学更好地进行解释。此外，作为最成功的两大物理学理论，广义相对论和量子力学被认为是通用的，但这二者并不兼容。正如科学哲学家南希·卡特赖特（Nancy Cartwright）所说，现代科学似乎表明，我们生活在其中的世界并非由一套单一而系统的、无时无处不在发挥作用的自然法则所支配。相反，我们似乎生活

48

在一个"斑驳的世界"（dappled world）中，其间会呈现出（或者通过人为作用让其呈现出）"一块块"的秩序。这些秩序是由（从物理学到生物学再到经济学的）不同科学理论拼凑而成的，但没有一种理论能够适用于所有的领域。

一些好辩的无神论者声称，现代科学已经表明神迹是不可能的。这一声称背后另有一个假设，即相信自然世界是决定性的。换言之，如果我们完全掌握了关于物质世界当前状态的知识以及有关物质世界的支配法则的知识，那我们就相当于完全掌握了有关未来世界的知识（因为未来世界与过往世界一样，也是确定的、不可更改的）。但话又说回来，这些都不是经验和科学所能证实的（尤其是因为我们永远无法达到证实上述假设所需的"全知"境界）。相信决定论，其基础就是相信有关物质、原因以及自然法则等基本概念的一系列假设。然而，正如专业哲学家们反复地、经常性地证明的那样，一旦试图对这些基本概念进行明确而不容置辩的定义，这些概念就会因本性使然而迅速开始坍塌。

量子力学

由上可见，任何形式的决定论，若要予以清晰的表达——更不要说捍卫了，就会涉及哲学上的诸多困惑。此外，决定论还受到来自科学的一大挑战，即 20 世纪早期兴起的量子力学。物理学家们试图去理解微观世界即原子和亚原子粒子的行为，在此过程中提出了量子理论。麦克斯·普朗克（Max Planck）和阿尔伯特·爱因斯坦发现，当时被认为是电磁波的光，也会表现得好像是由离散的粒子构成的一般——这些粒子后来被称为"光子"。埃尔温·薛定谔（Erwin Schrödinger）、维尔纳·海森堡（Werner Heisenberg）等量子力学的先驱们在1920年代提出的理论具有深远的意义，他们的相关阐释至今依然争议不断。量子理论发展到后来，概率论的解释和不确定性解释逐渐占据了主导地位，爱因斯坦本人对此并不满意。他说："上帝不是用掷骰子的方式来处理宇宙的。"迄今，仍有一些哲学家和物理学家与爱因斯坦一样，也对此类解释感到不能释怀。他们直觉性地倾向于决定性的解释，一直希望能为量子物理学法则找到一个不同的阐释。

　　量子理论之所以具有争议，主要原因在于它似乎推翻了牛顿经典力学的许多基本假设。量子理论表明，我们不再能将物理学简化为固体物质粒子之间的一系列决定性的互动作用。根据量子理论，光子和电子之类的实体是粒子，同时也是波。它们的表现究竟像粒子还是像波，取决于其与实验装置之间的互动。海森堡不确定性原理进一步指出，我们可以知晓一个量子实体的动量或位置，但永远不可能同时知晓两者。还有，观测者在量子理论中也扮演着关键的角色：观测者不只是被动的数据接收者，而且还是主动的数据贡献者。量子系统受概率性"波函数"的支配，而这些波函数在被观测之前不会取得一个确定的值。观测行为据说会导致"波函数的坍缩"，从而将量子系统解析为某一确定的状态或位置（而非另一状态或位置）。在观测之前，量子系统被认为是一团由所有可能被观测到的状态组成的"云"，而且每种状态都配有一个不同的概率。

上面概述了关于量子力学的一些发现，虽然比较简略，也不够内行，但是希望足以让读者感到我们已远离了经典物质决定论所主宰的那个世界。量子力学暗示，物质实在在最基本的层面上并非决定性的（甚至看起来也不具有"物质"性）。我们处于一个由众多的"云"、波函数以及概率构成的世界，而非启蒙时代那个可图示的、有规律的机械宇宙。不仅如此，量子理论还削弱了物质世界独立于人类观测者而客观存在的认识，因为正是人的观测行为导致了波函数坍缩现象的出现。从某种程度上讲，我们每天体验到的、牛顿经典物理学所描述的这个坚实的物质世界，只是因为被观测才得以存在。

毫无疑问，量子物理学是现代科学的一个核心部分，而它所描绘的物质实在的图像非常奇怪而且极不确定，这毫不意外地引起了哲学和宗教思想家们的极大兴趣。量子物理似乎预示着一种关于自然的更具整体性的新哲学，这种哲学视观察者为整体所不可或缺的部分，而且不给决定论以立足之地。这一前景吸引了诸多不同世界观的倡导者，他们有的来自传统宗教，也有的来自更现代的"新时代"意识形态。神学家们试图把量子力学作为更为永久的"空隙"，好让上帝在其中发挥作用。这类尝试可谓毁誉参半。一方面，它们无助于回答怀疑论者的这一质问：为何上帝只在某些场合作为，而在其他场合没有作为？另一方面，此类尝试也不能说服这些宗教信徒——他们坚信上帝是自然法则的制定者，而非受制于自然法则的奴隶，所以上帝无须对量子系统的状态进行修补便可随意推翻或者暂停自然法则。

第一因

　　然而，相较于零散地暂停、违反或者操纵自然法则，[①] 物质
世界的基本法则本身或许可为上帝的目的提供最强有力的证据。
这又回到了不同时代众多哲学家、神学家以及科学家们所提倡
的一个简单观点——虽然一般情况下我们可以按照次级原因即
自然原因来解释自然现象，但是为了避免无休止的倒退，在某
个节点我们必须提出第一因（first cause）或"原动者"（prime
mover）的假定，并声称我们对世界的认知暗示，这位原动者
乃是上帝，就是许多人在神圣文本及宗教体验中遇到的那位
上帝。

　　我们不能期望自然科学帮助我们解答第一因的问题。科学
并不能告诉我们某物为何会存在而非不存在。宇宙学理论会尝
试解释某存在物的运作及其与其他存在于过去、现在、未来的
宇宙物的关联，甚至与其他不计其数的平行宇宙或额外维度中
的宇宙物的关联。为此目的，人们提出了各种理论，包括大爆
炸理论和大挤压理论、超弦和宇宙膜理论、量子波动理论以及
多重宇宙论。但物理科学不能进而解释我们所说的"物质-能
量"以及自然法则为何会产生。于此，我们的科学知识出现了
一道难以弥补的空隙，而所有有神论者都认为唯有上帝才能填
充这一空隙。

　　无神论者的回应是：即使我们假设宇宙有一个创造者或

---

① 指通过神迹。

者设计者，那也并没有回答谁创造了创造者或者谁设计了设计者的问题。说的也是，但不足为奇。任何解释过程都会有一个终点。那终点可能是物质、神秘或某种形而上的必要性，也可能是毫无特色的第一因，还可能是上帝。不论解释过程在哪里终止，我们都有可能进一步发问："那又是为什么？"或"那又是因何而起？"无论在宗教领域还是世俗领域，对此问题的回答都会归因于某种本然的东西。有神论者还面临着一个更为严肃的问题：为宇宙提出第一因的假设之后，如何将这未知之因等同于犹太教、基督教、伊斯兰教或者其他任何宗教传统中的那位具有位格的神明，从而弥合横亘在两者之间的鸿沟？

微调论

对那些从自然法则的巧妙安排中（而非从对自然法则的偶尔违反中）察看上帝的人而言，有一点值得注意，那就是宇宙似乎经过了"微调"以产生碳基生命。哪怕宇宙的物理常数有那么一点不同，包括人类在内的碳基生命都不可能存在。如果大爆炸发生时的强度稍大一点，物质就会被吹散得过快而无法形成恒星和行星。如果重力的力度稍大或稍小一点，像太阳这类能够维系生命的恒星将不会存在。这难道表明——用物理学家弗雷德·霍伊尔（Fred Hoyle）的话来说——"有位超级智者捣鼓过物理学"？抑或"自然界中并没有什么盲目的力量值得一谈"？有些人认为对此微调现象的最佳解释，就是假设有位创造主有意创造智能生命，因此专门设计了我们的宇宙。其他人则更愿意相信我们的宇宙只不过是"多重宇宙"或者"超大宇宙"（megaverse）中的无数宇宙之一而已。如果真是那样，那么这些多重宇宙中至少有一小部分应该具备产生生命的恰当条件——于是乎，我们便发现自己置身于某一个这样的宇宙。

上述论辩双方都认同一点：有些东西不能视为当然，而要作出解释——要么用上帝来解释，要么用多重宇宙来解释。双方开始的前提是一致的，那就是我们宇宙的基本常数的配值不仅令人吃惊而且看似不可能，需要有所解释。可是，我们又如何知道物理常数的任一具体组合的概率呢？对于变化无穷的常数而言，任何具体组合的概率不都是一样无限低吗？抛开别的不说，我们又怎能自信满满地认为，这些常数会按论辩双方所假定的那样自由变化，而非单单由自然决定或以某种我们尚不理解的方式相互关联在一起？还有，就算真的存在——而不仅仅是可能存在——亿万个其他宇宙，这会让我们对于我们自己的宇宙的存在和物理构成不再感到那么惊奇了吗？正如大卫·休谟（David Hume）所著《自然宗教对话录》（*Dialogues Concerning Natural Religion*，1779 年）一书中的人物菲罗（Philo）所说：

> 我既然发现人类理性在其他许多更为熟悉的论题中都表现出了缺陷甚至矛盾，我便绝不会期望人类理性能凭其脆弱的推测而在一个如此崇高且远离我们观察范围的论题中取得什么成功。

53

没看见也相信

　　休谟也是 1748 年发表的《论神迹》(Of Miracles) 一文的作者。这篇名作充分表达了理性主义者对神迹的怀疑。在《论神迹》中，休谟以支持神迹的证据要弱于反对神迹的证据为由，对神迹进行批判。休谟说，既然自然法则按照定义是尽可能接近人类普遍经验的概括，那么自然法则的经验根据便不弱于任何陈述的经验根据。无论我们如何宽容大度地看待支持神迹的证据——那些据称目睹过神异事件者所提供的报告（就像宗教经典与圣徒生平中所记载的那些），此类证言绝不会比支持自然法则的证据更有力。休谟问道：究竟哪种算得上更大的神迹，是自然法则竟然被推翻了呢，还是那些证明神迹的人（也许包括你在内）搞错了呢？休谟总结道，一个理性的人将不得不回答说，更有可能是证人的证言出了问题。一言以蔽之，理性之人是无法相信神迹的。如果将休谟的论证放到第二章有关不同知识来源的讨论中来看，我们可以说休谟的论点是：集体感官经验要比证言可靠得多。

　　对于接受了休谟经验主义精神的人们而言，即便不接受休 54/55 谟的相关结论，他们也会认为来自个人感官的证据的确应该成为终审判官。无论你对物理科学、自然法则或者他人证明神迹的证言持有何种信念，你自身的经验都会碾压那些信念。如果你自己从未目睹过神迹，这可能会成为阻碍你相信神迹真会出现的最大障碍。从另一方面讲，如果你曾亲眼看见圣阿加莎的伤口瞬间得以愈合，或者看到有人将一条面纱朝熔岩举起的那

图 7　卡拉瓦乔（Caravaggio）所作油画《圣多马的怀疑》（*The Incredulity of St Thomas*，1602–1603 年）。

一刻，熔岩突然不可思议地改变了流向，那么你就不得不承认自己确实看到了非同寻常的事情。在此情境下，不管休谟是怎样说的，你都有可能将自己的所见视为神迹。

不过，即便观察到一件事情违背了自然常规，这和相信目睹了一桩超自然事件或神圣事件之间尚有一些差距。面对违反自然常规的事件，更为科学的态度是将其视为尚未解释清楚的异常现象，就好比在实验室做实验时观察到了不符合预期的结果。这种异常现象或许会帮助人们对自然界的运行机制得出新的发现，但也可能会一直顽固地存在而始终得不到解释。不管如何，异常现象不见得要带有宗教的意义。只有在具体的宗教语境中，某种非同寻常而又无法解释的经历才会将一种异常现象变为一项神迹。

理性主义者坚持神迹要有更充分的证据，宗教界对此的一个回应则是作出这一暗示：宗教真理的接受并不基于经验证据，而是基于信心。新约非常强调信心的重要性，这在有关耶稣门徒多马（Thomas）的那个著名故事中体现得尤为明显。多马说，他不相信耶稣死后复活了，除非他亲眼看到耶稣的肉身，看见那手上的钉痕和肋旁的伤口。不久，多马便见到了复活的耶稣，然后才信了。耶稣对多马说："你因看见了我才信；那没有看见就信的有福了。"① 早在 1794 年，托马斯·潘恩就在其反基督教论著《理性时代》中评论道，如果多马拒绝相信耶稣复活，除非能够"亲眼看到，亲手摸到"，那么他潘恩也是一样，而"我的理由，或者任何人的理由，都跟多马的理由一样充分"。当代作家理查德·道金斯则将多马形容为"十二门徒中唯一真正值得尊敬者"，因为多马有科学头脑，要求经验证据。

上帝的无为

陀思妥耶夫斯基（Dostoyevsky）的小说《卡拉马佐夫兄弟》（*Brothers Karamazov*，1880 年）的主人公之一伊凡（Ivan），也是位具有反叛和怀疑精神的人物，他像"怀疑的多马"一样要求证据。他看到人世间到处都是残忍和痛苦，感到深恶痛绝，无法接受人类将会拥有祥和美好的来生作为补偿的允诺。伊凡对弟弟说："我想亲眼看到狮子与羔羊同卧，被谋杀者站起来与

56

---

① 参见《约翰福音》20:24–29。

凶手拥抱。我想在大家忽然明白了'这一切是为了什么'的时候自己也在场。"然而，在那一刻来临前，伊凡不相信有任何未来天国的奖赏能够补偿在施暴者手中受虐的无辜孩童的痛苦。伊凡说，倘若这便是获得永恒真理、得蒙进入天国的代价，那么这个代价未免太过高昂，"我要赶紧退还入场券"。

伊凡对基督教的拒斥，得到了无数宗教批评者的响应。这些批评者问道：如果上帝真的存在且拥有干预自然的能力，如果上帝在有的场合似乎的确使用了这一能力，那为何不在其他那么多不公、残暴、痛苦的场合进行同样的干预呢？比如阿加莎，为何上帝要使她受尽折磨、虐待和摧残，然后才让她看到圣彼得的异象而神奇地痊愈呢？在火山爆发和瘟疫蔓延的过程中，上帝为何专门保护卡塔尼亚居民，却让另一些人死于非命呢？就算这样，上帝为何不一开始就直接阻止火山的爆发和瘟疫的蔓延，而非要借用一样东西——比如圣阿加莎的面纱——来施行保护行为呢？往广泛一点说，为何一个人得到了神奇的治愈，而另一个具有同样信仰和品德的人却要在痛苦中死去？有人也许会说那是因为上帝的行动方式是神秘的。是的，如果我们相信历代传说的那么多宗教奇迹和神迹的话，上帝的行动方式的确显得很神秘。但是，这算得上一个充分的回应吗？如果上帝创造了我们并赋予我们道德感，那为何上帝自己在这个世上的行动似乎还达不到我们凡人对于公正和良善的标准呢？

这些都是宗教信徒必须面对的最难回答的问题。正如亨利·德拉蒙德所言："如果上帝周期性地出现，那他也会周期性地消失。如果上帝在危机关头莅临，那他就会在其他时间缺席。"科学与哲学当然不会要求我们必须相信决定论或者否认神迹的可能性。然而，神学家们所面临的两难窘境并不会因此消失：上帝的无为与上帝的行动一样难以解释。

第四章

达尔文与进化论

　　1882 年 4 月，英国博物学家查尔斯·达尔文在他位于肯特的家中去世，享年 73 岁。其时，达尔文已是一位大名鼎鼎的人物，因创立进化论而享誉整个英国乃至全世界。他的进化论对科学产生了变革性的影响，成为那个时代的典型哲学。达尔文去世的消息传开后，媒体上发起了一个运动，呼吁将达尔文安葬在威斯敏斯特教堂（Westminster Abbey）。虽然人们对达尔文的宗教信念依然心存疑虑，但是大家很快达成一致，只有将他安葬在威斯敏斯特教堂才能充分表达对他的敬仰之情。重要人物和良善之人将在此聚集，来纪念这位英国谦谦绅士惊人的理论成就、数十年的勤勉研究，以及高贵而谦逊的品质。在达尔文的葬礼上，弗雷德里克·法勒牧师（Reverend Frederic Farrar）在讲话中将达尔文的科学天才与其同胞艾萨克·牛顿相提并论，而达尔文在教堂中的安息地正好与牛顿的陵墓相邻。法勒牧师还解释道，达尔文的进化论很符合人们对造物主在自然界中行动的高级认识。达尔文的葬礼象征着安立甘教会接受了达尔文和进化论，而其时距 1859 年《物种起源》的出版只有二十九年。

　　不过，当时英国人对达尔文及其进化论的接受多少有些勉强，还带有一丝怀疑。并非所有教会中人或所有英国人都乐意

"一股脑奔向猩猩"——这是地质学家查尔斯·赖尔（Charles Lyell）当年用来描述将进化论应用于人类之情形的用语。的确，正是人类的进化——而非细菌、甲壳虫、藤壶或蝙蝠之类的进化——始终吸引着公众的想象、搅动着公众的信念。达尔文的职业生涯帮助进化科学成为一种新的正统，这一正统直接挑战了一些宗教观念，包括"人比万物高贵"的观念，特别是有关灵魂和道德的宗教观念。一个半世纪以来，在那些因为宗教原因而拒绝达尔文主义的人中，有的是出于进化论与圣经的字面阐释相冲突的考虑。然而，其他许多人之所以抵制进化论，是因为进化论似乎不符合人们所持有的对于自由意志、道德责任和理性且不朽之人类灵魂的信念。

在本章和下一章中，我们将探讨这些原因以及人们认为进化论极具危险性的其他原因。本章首先讨论达尔文的宗教观点，社会接受进化论的情况以及进化论的神学含义。下一章接着讨论现代美国社会有关进化论进课堂的争论，而在这些争论中依然可以频频见到查尔斯·达尔文的身影。有关进化论的不计其数的书籍都会以达尔文的肖像做封面，就连英国的十镑纸币也印上了达尔文的头像。出现得最频繁的是达尔文晚年的肖像：白须冉冉，表情严肃冷峻，会令人想起圣经中的先知甚至上帝的形像。生物进化的自然选择学说已与这样一位标志性的历史人物紧密联系在一起，难以分割。有关进化论与宗教的论著常会论及达尔文的科学观点与宗教观点，有时还会造成曲解。因此，正确理解达尔文这位革命性科学思想家的真正想法及其成因，显得尤为重要。

图 8 　查尔斯·达尔文肖像，洛克（Lock）和惠特菲尔德（Whitfield）作于 1878 年。

达尔文的宗教险途

　　20 岁出头时，达尔文正准备在英格兰教会谋一份差事。几年前，他在爱丁堡开始接受医学训练，但发现医学课枯燥无聊，而且手术演示让人作呕。于是，他父亲将他送入剑桥大学基督学院（Christ's College）。在这里，青年达尔文接受了英格兰教会《三十九条信纲》（Thirty-Nine Articles），开始学习数学和神学，准备毕业后担任圣职。然而，他发现神学与外科手术一样无趣。那时候的达尔文真正热衷的，是找甲虫而非读圣经。他在这方面很快便崭露头角，他辨识出的一个昆虫标本被刊登于某期《不列颠昆虫图解》（*Illustrations of British Entomology*）。1831 年，作为一名热情的业余博物学者，达尔文受邀加入皇家海军贝格尔号舰（*HMS Beagle*），作为舰长罗伯特·菲茨罗伊（Robert Fitzroy）的随员，负责收集标本，观察具有自然-历史意义的事物。这一切也许都是命中注定，看来达尔文终究做不了神父。

贝格尔号 1831 年启航，1836 年结束航程。此次远途考察的主要目的是为英国海军部完成南美海岸线的勘察工作，不过在长达五年的旅程中该舰还到访过澳大利亚、新西兰和南非。虽然观察岩石的形成、动植物的性状、土著居民的情况等只是此次考察的附带目的，但这些却是达尔文智识发展所不可或缺的关键所在。登上贝格尔号之后，达尔文的宗教观点也开始发展变化。他并不怀疑自然界是上帝的杰作。他在笔记本中这样描述了他对南美丛林的印象："攀缘植物相互缠绕——如同一缕缕发辫——美丽的鳞翅类昆虫——静寂——和散那！"① 对达尔文而言，这些丛林就像"座座庙宇，满装自然之上帝变化多样的作品"；置身其中，没有人不会"感到人除了身体气息之外必然还有别的"。达尔文也非常钦佩基督教传教士的工作所产生的教化作用。他观察道："基督教信仰非常出色，其教义据说对信徒们的外在行为起到了最具决定性的提升作用。"

---

① 和散那（hosanna），原意为求救的话，后演变为赞美上帝之语。

然而，在航行结束回到英国后，达尔文开始有了怀疑。他的祖父、父亲和哥哥都拒绝了基督教：要么接受了自然神论，要么直接信奉自由思想，彻底放弃了信仰。现在，达尔文似乎正在迈向同样的道路。他在世界旅行中亲眼见到各地种样繁多的宗教信仰和实践。不同宗教都宣称得到了来自上帝的独特启示，但是它们不可能都是正确的。此外，达尔文从道德的角度对基督教的这条教义极为反感：信徒将得救，而非信徒、异教徒和不悔改的罪人将被诅咒，且永不得救。达尔文认为这是则"该死的教义"，想不通为何会有人希望它是真的。在不信基督教的父亲于1848年去世后，达尔文反对这一教义的力度更大了。

达尔文对自然之书的重新阅读，给了他新的理由来重新思考自己的宗教。我们从中可以看到两条进路。首先，和他的前辈们一样，达尔文本来也认同动植物对环境的适应现象证明了上帝的大能和智慧。然而，（尽管人眼的构造依然让他感到一丝惊骇和不可思议，）① 现在达尔文却认为自己还看到了别样的东西，甚至连他自己也感到难以置信。达尔文开始认为动植物对自然的适应也许是自然进程使然。变异现象和自然选择只是貌似智能设计的结果罢了。其次，除了丛林的静美，达尔文还观察到了自然界中的各种残暴行为，这令他难以相信这一切都是仁慈而全能之上帝的意愿。譬如说，上帝为何要创造姬蜂呢？

---

① 达尔文写道："如果假定眼睛能由自然选择而形成，我坦白承认，这种说法好像是极其荒谬的。"见达尔文：《物种起源》，周建人等译，北京：商务印书馆，1997年，第197页。不过，他紧接着又论证了自然选择还是可以解释眼睛的进化。另参本书第五章"解释复杂性"一节。

图9 一只姬蜂正在将卵注入毛虫体内，毛虫会成为姬蜂幼虫的寄主，并最终成为它们的第一顿美食。

姬蜂将卵产在毛虫体内，在姬蜂幼虫孵化出来后，它们就会活活吃掉寄主。上帝为何要创造杜鹃呢？小杜鹃会把养亲的子女排逐出巢外。上帝为何要创造奴役其他蚂蚁的蚂蚁呢？上帝为何要让蜂王具有谋害自己女儿的本能呢？达尔文惊呼道："自然的作品显得拙劣、浪费、低下、错误百出而又残暴吓人，简直就是魔鬼的牧师写书的好素材！"

达尔文从未变成无神论者。在写作《物种起源》时，他虽然不再是基督徒，但依然是一名有神论者。及至晚年，他更愿意被称为"不可知论者"（agnostic）——这个术语是他的朋友托马斯·赫胥黎1869年新造的。在绝大多数时候，达尔文只想把自己的宗教怀疑埋在心底。他有许多理由这样做，特别是他渴望过上安宁的生活并拥有体面的社会地位。不过，最重要的

67

原因还是他的妻子埃玛（Emma）。埃玛是一个虔诚的福音派基督徒，婚后头几年，她曾写信给达尔文，表示她很担心达尔文会失去基督教信仰，从而得不到救赎。丈夫对信仰的怀疑意味着他俩死后不能在天堂团圆，这一想法令埃玛不寒而栗，难以忍受。1851年，他俩钟爱的女儿安妮（Annie）夭折，使得他们对死后生命的信念再次显得迫切起来。达尔文和埃玛在这个问题上的分歧令他们深感痛苦。达尔文去世后，埃玛在达尔文的文件中找到了自己四十年前就此问题写给丈夫的信，发现丈夫在信上加了这句话："在我死后，你要知道，我曾多少次吻信而泣。"①

生物进化的自然选择学说

事实证明，达尔文跟随贝格尔号航行途中的观察对他后期的理论推测至关重要。如同一切科学观察结果一样，要理解达尔文的这些观察的意义，需要参照当时的理论框架，比如威廉·佩利的自然神学和查尔斯·赖尔的地质学。甫一回国，达尔文还读了托马斯·马尔萨斯（Thomas Malthus）牧师的一本政治经济学著作，从中获得一个极为重要的想法，而这个想法后来成为达尔文理论的关键所在。

与当时剑桥所有的学生一样，达尔文也熟读了威廉·佩利的作品。佩利是一位安立甘宗牧师、哲学家和神学家，是18至19世纪最著名的宗教作家之一。在其1802年出版的《自然神学，

---

① 关于达尔文的宗教思想，参考弗朗西斯·达尔文编：《达尔文自传与书信集》，叶笃庄、孟光裕译，北京：科学出版社，1994年，第65–73页、第268–274页。

或从自然现象搜集的关于神的存在及属性的证据》（*Natural Theology, or Evidences of the Existence and Attributes of the Deity, Collected from the Appearances of Nature*）一书中，佩利将动植物比作一块钟表。任何由诸多精巧部件组成的装置都是为了达到一个特定目的，或为报时，或为采粉、飞翔或者观看，而所有这些装置都必然有一个设计者。佩利的推理是，就像怀表背后必然有一位钟表匠，自然之作品——花朵与蜜蜂、鸟儿翅膀以及人眼——必然也有一位具有超级力量与智慧的设计者，也就是上帝。同成千上万的其他读者一样，年轻的达尔文对佩利在书中的上述推理感到满意。佩利认为此种自然神学的主要用处，在于作为一种补充性论证来证明人们业已从圣经中以及个人的内在良知中得来的认识。这与托马斯·潘恩和自然神论者有所不同，他们将上述论证当成自己宗教的主要基础。具体而言，达尔文从佩利那里学到了这样一种倾向，即在自然界处处寻找关于设计、发明以及适应的非同寻常的证据。

　　达尔文世界观形成的第二个重要因素是他在乘贝格尔号航行期间阅读的查尔斯·赖尔爵士的《地质学原理》（*Principles of Geology*）。该书共有三卷，分别在 1830 年至 1833 年间出版。赖尔在书中认为，地球的历史并非由定期的暴力灾难所构成，而是由诸多渐变所组成，这些渐变都经历了漫长时间的演变。赖尔的地质观是改良式的，而非革命式的。换言之，他用时间代替了暴力，并将其视作地质变化的主因。达尔文正是通过赖尔的眼睛来理解地质现象的。比如，他 1835 年在智利亲眼目睹了一场地震。他发现震后海岸线升高了一点，还发现在更高的安第斯山脉（Andes）附近的沙滩也升高了些许。如果地质变化可用随着时间的推移而逐渐发生的改变来解释，那么生物界的变化或许也可以用同样的方法来解释。达尔文后来坦言："我总觉得自己的书有一半内容是拜赖尔所赐。"

回到英国后，达尔文开始研究他在航行途中收集的不计其数的动植物标本，并逐渐聚焦"物种问题"（species question）。对于那些试图为不同类型生命的起源找到一个自然解释的人而言，物种问题可谓"谜中之谜"。1830 年代，有两种解释可供达尔文选择，可他哪种也不赞同。一种解释认为每个物种都是上帝在特定时间和特定地点创造出来的，这也是其他绝大多数博物学家的看法。另一种解释认为所有生命都从简单的类型开始，而且在开始时或许是自发产生的，随后则一步步沿着生命的阶梯爬升，变得越来越复杂而完美。第一种解释之所以不够吸引人，是因为它假定生命历史中要有一系列源自上帝的神迹性干预才行，而达尔文寻求的则是通过自然法则来解释物种问题。第二种解释就是法国博物学家让-巴普蒂斯特·拉马克（Jean-Baptiste Lamarck）的"演变"（transmutation）理论。该理论是拉马克在他的《动物哲学》（*Philosophie Zoologique*，1809 年）一书中提出的，其中有许多达尔文所不能接受的理论假设，比如生命是不断地自发产生的，所有的生命都沿着同一个梯子、朝着同一个方向爬升，一个生物自身的主动努力可以改变其身体结构等。人们还普遍认为，拉马克的理论与宗教界所反对的唯物主义和决定论等思想有关，也就是与这样的观念有关——一切精神现象和物质现象最终都可用物质粒子间的因果作用来解释。

加拉帕戈斯群岛（Galapagos islands）动物种类非常丰富，

图 10　达尔文在 1835 年到访加拉帕戈斯群岛期间喜欢吃的一种巨龟。

有地雀、巨龟、大蜥蜴和嘲鸫,这为达尔文后来打开"谜中之谜"提供了一把钥匙。达尔文 1835 年在群岛上待了五个星期,在此期间他注意到一个岛和另一个岛上的同种动物在外形上有所不同,而群岛和南美大陆上的同种动物也存在差异。回到英国后,达尔文开始觉得这些差异可以作为生物进化的有用证据。不过,他当初并未仔细标注地雀标本具体是从哪个岛上收集到的。至于巨龟,他还吃过一些,并在日记中有记载:"吃了些龟肉。顺便一提,和着汤好吃。"

　　加拉帕戈斯地雀后来成了解释达尔文学说的常用例子。这些地雀能够很好地诠释达尔文在 1830 年代思考生命的历史时所陷入的困境。每个岛上的地雀种类都不同，它们喙的大小和形状都不一样。这难道要让达尔文相信上帝在每个岛上都进行了单独的创造行为，且在南美大陆上又有不同的创造？最起码，这样的创造行为不论从科学上还是神学上来看都显得很不雅致。单向生物演变模型在这里也不顶用，因为看不到有何办法能将这些不同种类的地雀排成一条直线，显示出由某一种发展到下一种的过程。自 1830 年代后期起，达尔文在笔记本中写满了关于解决此类问题的正反论据。他想到了鸽子饲养员的做法：要培育出新品种鸽子时，他们会在每一代鸽子中进行挑选。事实证明，这一人工选择的类比对达尔文的论证非常重要。比这更为重要的，则是达尔文从托马斯·马尔萨斯的《人口原理》（*An Essay on the Principle of Population*，1789 年）中得到的一个想法。

达尔文在 1838 年阅读了马尔萨斯的《人口原理》，发现可将其中某些思想应用到物种问题上。马尔萨斯研究的是人口问题，他认为人口具有从一代到下一代按几何级数（1、2、4、8……）增长的自然趋势，而一个社会所能生产的食物只能以算术级数增长（1、2、3、4……）。这就使得每一代人都会为生活资料而斗争。强者会存活，而弱者将死亡。达尔文在生物界也看到了类似的现象，不论南美丛林中缠绕的攀缘植物，还是昆虫的寄生本性和行凶本能，甚至他后花园的植物和杂草，达尔文都能观察到为资源而进行的斗争，而那些比对手哪怕多了一点点优势的生物，往往都会胜出。这种生存斗争的结果，就是进化论哲学家赫伯特·斯宾塞（Herbert Spencer）后来所称的"适者生存"（survival of the fittest）。生存斗争和适者生存

68

1. Geospiza magnirostris.
2. Geospiza fortis.
3. Geospiza parvula.
4. Certhidea olivasea.

图11　图片展示了达尔文在旅行期间采集到的不同种类的地雀，摘自达尔文的《贝格尔号皇家军舰环球之旅中对所访问国家自然史与地质学的考察日记》(*Journal of Researches into the Natural History and Geology of the Countries Visited During the Voyage of H.M.S. Beagle*，1845 年)。

后来便成了达尔文理论的核心。受到马尔萨斯理论启发的还有阿尔佛雷德·拉塞尔·华莱士（Alfred Russel Wallace），他在 1850 年代提出了自然选择观点，这比达尔文晚了二十年，但却 69/70先于达尔文发表。

至此，达尔文找到了问题的答案。生物对环境的适应以及不同物种的起源问题不应该用佩利的"设计者的创造活动"来解释，而应该根据地理分布、可遗传的随机变异、为资源进行的竞争、亿万年以来的适者生存等原因来解释。自然选择可能会以不同形式的伪装出现，比如疾病、旱灾、猎捕者、食物匮乏、天气突变等等。在每一代生物中，那些碰巧具备较好条件应对上述自然侵袭的幸运个体便会繁荣昌盛并且后代绵延，而

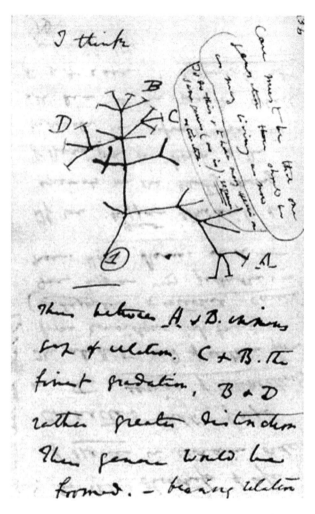

图12　达尔文1830年代在笔记本中所画的首批草图之一，表达了这样的思想：一棵生命之树通过分支将有着共同祖先的一切有机体都联系在一起。[①]

① 图中文字为：I think... Thus between A & B immense gap of relation. C & B the finest gradation, B & D rather greater distinction. Thus genera would be formed. —bearing relation（我认为……因此在 A 和 B 之间存在巨大的关系鸿沟。C 和 B 之间是最细微的层次，B 和 D 之间的区别稍大一些。因此，属就会形成。——与古老的类型有联系）。

那些适应性较差的个体则会最终走向灭绝。这种过程重复亿万年之后，那些最简单的生命类型便会进化为我们现在看到的形形色色的物种。

根据这一理论，加拉帕戈斯群岛不同种类的地雀并不是被单独创造的，也非一架生命直梯上前后相继的横板；相反，这些地雀乃是一棵巨型家族树——生命之树——的分枝末端。不同岛屿上的食物来源存在差异，有的是植物种子，有的是昆虫，而有的则是仙人掌；这就意味着在不同地域，不同大小和形状的喙可让地雀在生存斗争中占有优势。这些不同的地雀有共同的祖先，最初应该是从大陆被吹送过来的。此后，自然就像鸽子饲养员一样，将那些具有符合要求的特质的地雀挑选出来，并让它们进行繁殖。

1858 年，达尔文收到华莱士的一封信，信中简要讲述了一个与达尔文的理论几乎相同的理论。受此刺激，达尔文随即加快了发表自己理论的计划。林奈学会（Linnaean Society）仓促召开了一次会议，宣布了达尔文和华莱士的理论。次年，位于伦敦阿尔伯马街（Albemarle Street）的约翰·默里（John 71 Murray）出版社出版了《论通过自然选择的物种起源，或生存斗争中优赋族群之保存》（*On the Origin of Species by Means of Natural Selection, or The Preservation of Favoured Races in the Struggle for Life* ）。该书扉页如是写道："查尔斯·达尔文，文学硕士，皇家学会、地质学会、林奈学会成员，《贝格尔号皇家军舰环球之旅考察日记》的作者。"之所以缀上这么一份令人印象深刻的要点式的作者简历，也许是希望有助于该书革命性的内容更容易得到维多利亚时代读者的认可吧。

"我们与蘑菇出人意料的表亲关系"

　　《物种起源》的第一批读者从书中得到了这样一种自然观：上帝在自然中已被边缘化，但是并没有完全被排除。虽然不再需要上帝来单独创造各个物种，但是达尔文在呈现自己的论证时似乎倾向于某种有神论式进化论。这或许是为了遵循当时的习俗，或许是因为达尔文心中还残存着一些宗教信念。翻开 1859 年版的《物种起源》，首先映入读者眼帘的是两则神学语录。一则引自安立甘宗牧师——以博学著称的威廉·威厄尔（William Whewell），另一则引自 17 世纪科学革命的一位领军人物——弗朗西斯·培根。威厄尔指出，物质世界中"发生的事件，并非上帝的权能在每一特殊情形下施行的孤立干预所致，而是已经确立的普遍法则使然"。培根则说，不论上帝的话语之书，还是上帝的作品之书，不论神学还是哲学，一个人永远都不可能获得足够的知识；因此，"人要在这两方面都努力追求无止境的进步或娴熟"。

　　在《物种起源》的结尾部分，达尔文重述了威厄尔的观点，即上帝的行动方式类似于法则而非神迹。达尔文这样写道：

　　　　依敝人之见，世界上过去和现在的生物之产生和灭绝，应该归因于次级原因，这更加符合我们所了解的、造物主在物质上打下印记的法则……如果我把一切生物不看作特别创造的产物，而将其视为远在志留系（Silurian system）第一层沉积下来之前就已生活着的某些少数生物的直系后代，这时我反而觉得它们似乎变得高贵了。

在《物种起源》那段著名的结束语中，达尔文对于历经"自然的战争、饥荒和死亡"而产生的最高类型的生命惊叹不已。他总结道：

> 生命及其若干能力最初只被吹入几类或一类生命之中，随着这颗星球按照既定的引力法则持续运转，无数种最美丽、最奇妙的生命便从如此简单的开端演化出来了，而且这一演化还在进行当中。这样的生命观何其壮丽！

从第二版起，为了防止有人对自己的意思有任何怀疑，达尔文专门将"被吹入几类或一类生命之中"改为"被造物主吹入几类或一类生命之中"。

基督教教会中有些人接受了达尔文的新自然神学。他们认为，与那个需要上帝在大灾难后进行周期性干预从而给地球补充动植物群的世界相比，一个上帝在其中通过类似法则的演化进程进行创造的世界，的确要显得更加壮观和高贵，而且更加简单且富有秩序。在这些基督徒中，有我们在第三章中讲到的亨利·德拉蒙德，还有历史学家、基督教社会主义者、小说家查尔斯·金斯利（Charles Kingsley）。金斯利在他 1863 年出版的著名儿童读物《水宝宝》（*The Water Babies*）中加有一段情节，暗示他认可达尔文的新理论。小男孩汤姆走近"凯里妈妈"（Mother Carey，自然的位格化），说道："太太，我听说您以前一直在造东西，能从老野兽中造出新野兽来。"凯里妈妈答道：

"这都是人们幻想出来的。我的小可爱，造东西是很麻烦的，我才不干呢。我只管坐在这儿，让东西自己造自己得了。"另一位安立甘宗信徒、后来成为坎特伯雷大主教的弗雷德里克·坦普尔（Frederick Temple）也认同，上帝很可能借助变异和自然选择的方式而非通过一系列神迹进行创造。在大西洋彼岸也有一些支持者，比如哈佛大学植物学家和长老会成员阿萨·格雷（Asa Gray），他采纳了一种有神论版的达尔文进化论。

当然，反对达尔文进化论的事例也不少，最引人注目的要数 1860 年在牛津英国科学促进会（British Association for the Advancement of Science）会场发生的颇具戏剧性的那场辩论。达尔文本人当时并不在场，不过会上有一篇论文讨论了他的理论，谈到如何将达尔文的理论应用于智力进步和社会进步的问题。接下来，参会者就达尔文主义的一般话题展开了进一步辩论。首位演讲者是牛津教区主教塞缪尔·威尔伯福斯（Samuel Wilberforce）。他对达尔文理论进行了长篇论述。至于他具体讲了什么，并未记录在案。不过，通过他在具有保守倾向的《评论季刊》（Quarterly Review）上发表的《物种起源》书评，我们还是可以猜到他的主要发言内容。在该篇评论中，威尔伯福斯指出《物种起源》的结论暗示："苔藓、草类、芜菁、橡树、蠕虫和苍蝇、螨虫和大象、纤毛虫和大鲸鱼、今天的蝌蚪和古老的蜥蜴、块菌和人类，都是同一个原始祖先的直系后裔。"对此威尔伯福斯感到非常惊讶，但如果科学推论确实如此的话，他也不得不接受。他说自己不会基于圣经反对达尔文关于"我们与蘑菇有出人意料的表亲关系"的推论，因为借助上帝的启示去判断科学理论的真确性是非常不明智的。然而，基于英国最著名的解剖学者理查德·欧文（Richard Owen）的研究，威尔伯福斯找到了许多反对达尔文理论的科学证据，尤其是缺乏过渡类型的化石证据。还有一个事实是，虽然人工驯养可以培育出许多鸽子和狗的品种，但鸽子依然是鸽子，狗依然是狗，丝毫不见新种出现的痕迹。

　　虽然威尔伯福斯的反对观点并未基于对圣经的字面解读，但是与当时及后来的许多信徒一样，他对进化论的反对源自他那深受圣经启发的世界观。根据这一世界观，人类与动物不同，而且高于动物。基督教教义认为，上帝通过耶稣基督以人类样式现世，这更使人类样式具有了特殊意义。威尔伯福斯指出，如果说人只是"改良的猿猴"而非"创造的冠冕和圆满"，则不仅有损人的尊严，而且有损上帝的尊严。在上述牛津会议上，有将近一千人到场，达尔文的铁杆支持者托马斯·赫胥黎便在其中。据说威尔伯福斯在即将结束发言时，转向赫胥黎问道，如果赫胥黎是猿猴的后代，那究竟是从祖父这边还是祖母那头繁衍下来的？虽然这只是一个玩笑，但是赫胥黎气得脸色铁青。他对旁边的人小声说了句"主把他交到我手里了"，然后起身严肃地答道，自己宁愿是一只猿猴的后代，也不愿做一个利用自己的智力和影响嘲弄严肃科学讨论之人的后代。此时，人满为患的会场群情激昂，温度开始攀升，至少有一位女士在激动之余晕了过去。紧接着，达尔文的老相识，皇家海军贝格尔舰菲茨罗伊舰长站了起来，双手高举圣经，谴责了达尔文的理论。随后，与达尔文过从甚密的植物学家约瑟夫·胡克（Joseph Hooker）也加入了辩论。根据胡克自己的说法，他的干预产生了决定性的作用，有力地支持了达尔文主义。

图 13 《名利场》(*Vanity Fair*) 中描述托马斯·赫胥黎和塞缪尔·威尔伯福斯的卡通画。两人 1860 年在牛津的辩论成为传奇。

这真是一个绘声绘色的故事，现已经成为达尔文传说的一部分。在 1860 年的时候，威尔伯福斯、赫胥黎和胡克都认为自己才是那场辩论的赢家。这个故事开始广泛流传，则是大约二三十年之后的事情。那时候，一直为科学摆脱教会的控制而奔走呼吁的赫胥黎和胡克，都已拥有了更具影响力的地位。胡克和赫胥黎先后被选为英国皇家学会的主席，这表明职业化的不可知论者在英国科学机构的地位已经大为提升。于是，赫胥黎与威尔伯福斯当初的辩论反过来被当作胜利者的故事来书写，暗示科学自然主义当时便已胜过了安立甘宗保守主义，尽管事实是这一胜利并未在 1860 年的牛津获得。对于那些新晋科学精英们而言，这样讲述故事对他们有利，可以让故事预示并合法化他们拥有权力的过程，同时也可以使该话题不涉及政治。以塞缪尔·威尔伯福斯和理查德·欧文为一方、以年轻的达尔文主义者为另一方的 1860 年的那场交锋，实际上是在英国科学界和教育界内为争取主导地位而进行的斗争的一个结果。这个斗争既发生在对进化论的科学证据的不同解释之间，也发生在不同社会利益集团之间。后来，赫胥黎-威尔伯福斯辩论又被包装为"科学"与"宗教"之间那场简单而永恒的冲突的另一个案例，从而暗示不可知论者之所以能获得权力，是不可抵挡的历史潮流的必然结果，而非机关算尽的政治角逐的产物。

进化论与神学

在 19 世纪及其以后的时间里，当基督徒、犹太教徒、穆斯林以及其他宗教的信徒思考进化论对自己的信仰意味着什么的时候，威尔伯福斯在对《物种起源》的评论中所指出的那些神学问题都会一再出现。在达尔文之前，天文学和地质学方面的发现已给了神学家们大量机会去讨论科学与宗教经典在判断自然知识方面的相对权威性。达尔文的自然观格外关注痛苦、暴力及死亡等现象。不过，人们无需达尔文的描述便已知道，这些正是自然世界的特征，更是人类生活的特征。此外，神学家也早已意识到了邪恶的问题，而且做出了种种回应。对于人类的邪恶，一个较为普遍的解释是：上帝必须容许其创造物拥有自由意志，而自由意志既会带来良善的结果，也会导致罪恶的产生。对于达尔文在《物种起源》中有关自然中的种种缺陷以及诸如姬蜂等生物表现出的残忍行为的评论，威尔伯福斯主教援引基督教"堕落"（Fall）的观念予以回应。按照该观点，当亚当和夏娃（受造界的冠冕和统领）因不顺服而被逐出伊甸园时，不仅他们本人及其人类后裔从恩典堕入了混乱的境况，而且整个自然界也是如此。威尔伯福斯这样写道，"元首和统治者

的堕落令这个世界震颤不已"，而"上帝作品中那些奇形怪状的缺陷和这样那样的痛苦"则是那股震颤持续不断的体现。

给神学带来新困境的，是原本将人类与"兽类受造物"严严实实分开的界限被进化论摧毁了（还有不同动植物物种之间的界限也被摧毁了——这对神学带来的困境虽然轻于前者但也很严重）。达尔文后来出版的《人类的由来》（The Descent of Man，1871 年）和《人类和动物的表情》（The Expression of the Emotions in Man and Animals，1872 年）介绍了人类进化理论，为讨论人类和其他动物的关系提供了更多的素材。在这两部作品中，达尔文写出了自己在 1859 年的《物种起源》中未敢写明的推断：甚至人类最高贵的官能——情感、道德感和宗教情怀——也可能是通过自然方式演化而来的（这些方式也包括拉马克的习得特征遗传进程，达尔文一直认为该进程与自己所青睐的自然选择机制一同发挥作用）。

整个 19 世纪下半叶，没有人提出严肃的科学观点来反对进化论的基本信条，即生物是伴随着变异而传衍的，且所有类型的生命都有着共同的祖先。至于生物进化的主要推动力是不是达尔文和华莱士所指出的基于随机变异的自然选择机制，还有这一机制的解释效力是否充足，则有着相当大的争议。当时的人们依然会讨论各种版本的拉马克主义机制，并对遗传进程有着这样那样的争议。20 世纪开始以来，出现了两种相持不下的

THE
LONDON SKETCH BOOK.

PROF. DARWIN.

This is the ape of form.
Love's Labor Lost, act 5, scene 2.

Some four or five descents since.
All's Well that Ends Well, act 3, sc. 7.

图 14　这幅画将达尔文画成了一只猿猴，借以讽刺达尔文的人类进化论；19 世纪出现了许多这样的讽刺画。

观点。有人基于格雷戈尔·孟德尔（Gregor Mendel）的工作提出这样的主张：所有性状都是通过"不全则无"的种单元（all-or-nothing units）——后来为人所知的"基因"——而进行遗传的。有人则认为遗传就是性状在逐渐转化的无限过程中的一种"混合"。只有到了1930年代和1940年代，我们现在熟知的新达尔文主义（neo-Darwinism）现代进化论框架才得以形成。该理论框架将孟德尔学派的遗传学与自然选择理论结合起来，最终摒弃了获得性遗传的进化思想，也摒弃了受某种固有生命力从内在促进的进化思想。

在上述这些发展过程中，神学家们也在不断地利用进化论观点。20世纪早期，有关创造进化论和神导进化论的观点盛极一时，颇受宗教思想家的青睐。自那以来，新达尔文主义的成功又引发了不同的神学问题。在每一个宗教传统中，既有拥护进化论的人，也有反对进化论的人。每一宗教信仰都有各自的进化论者和创造论者，还有许多介于两者之间的人士。

于犹太人而言，进化论不仅引发了对于圣经解释和人类本性的质疑，而且会让人联想到纳粹主义和"大屠杀"。在历史上，纳粹党人利用"适者生存"的观点来为其种族主义和人种改良意识形态辩护。第二次世界大战期间，纳粹政权屠杀了数百万犹太人以及其他被视为"劣等"种族的人民。生物进化的自然选择学说曾被用来支持各种各样的意识形态，包括社会主义、自由主义以及无政府主义。近来的历史研究甚至表明，犹太人在提出犹太复国主义（Zionism）并为之辩护的过程中也用到了进化论观点。虽然事实证明进化论思想很容易被用于政治领域，但是人们普遍认为进化论这一科学理论本身并不会导致这样或那样的政治主张。尽管如此，因为在历史上曾被用来反对闪米特人（anti-Semitic uses），所以进化论思想在犹太人眼中必定会继续带有一丝危险的论调。有人指出，20 世纪后期有两位重要生物学家竭力反对用更具决定性的进化学说来分析人类心灵和社会，而他俩恰巧都是犹太人——斯蒂芬·杰伊·古尔德（Stephen Jay Gould）和理查德·莱旺廷（Richard Lewontin）（虽然他们反对此类学说也不乏科学原因及政治原因）。

自 19 世纪以来，罗马天主教教会对进化论逐渐形成了一个官方的态度，即接受人类种族的身体是通过科学所描述的方式进化而来的，同时坚持每个人的灵魂是按照上帝的形像创造出来的，不能将其仅仅解释为物质进化的产物。也有一些天主教徒游走于官方路线的边缘，有时还会稍微超越界限，发声支持进化论。比如 19 世纪的解剖学家圣乔治·米瓦特（St George Mivart），他曾试图说服教会认可有神论式进化论的可能性。再比如耶稣会士兼古生物学家德日进（Pierre Teilhard de Chardin），他在 20 世纪中叶出版了几本很流行的书，并在书中将进化论解释为一种受上帝指引的、以人类道德和精神意识为目标的浩渺进程。2005 年，教宗本笃十六世（Pope Benedict XVI）在其就职弥撒上提及进化论，语气颇为谨慎。他说："我们并非进化带来的某种随随便便的、毫无意义的产物。每个人都是上帝某个想法的结果。每个人都为上帝所意愿，都蒙上帝垂爱，都是不可或缺的。"不过，罗马天主教教会并不大支持反达尔文主义的"智能设计论"运动。教宗的警告所反对的并非作为科学的进化论，而是将进化论视作支配一切的观点的想

85

法，因为这种想法会让世界丧失意义和目的。由此看来，天主教会对待进化论的态度似乎依旧模糊不清。实际上，"智能设计论"最主要的一位倡导者迈克尔·贝希（Michael Behe）是天主教徒，而批评智能设计论最得力的一位科学家肯尼斯·米勒（Kenneth Miller）也是天主教徒。

近几十年来，进化论在宗教界的主要反对者来自基督教新教和伊斯兰教内部。在 20 世纪和 21 世纪，这两大宗教传统中都出现了诸多版本的创造论，其与 19 世纪下半叶关于达尔文主义的神学讨论和科学讨论有着较大的差异。要理解科学创造论在 20 世纪的兴起，我们现在需要将注意力转向美国的政治与历史。

创造论与智能设计论

"智能设计论"的标志性生物是大肠杆菌。大肠杆菌通过一条精巧的尾巴即鞭毛的旋转而游动，这根鞭毛相当于细菌的舷外发动机。大肠杆菌可以协调自身许多关联部位一致朝某一特定方向运动，所以符合威廉·佩利在1802年提出的"设计"标准。不过，对于这一适应现象，想必现代进化论的成就已让人们无法再相信佩利的神学解释，而会选择达尔文基于自然进程的解释吧？答案似乎并不尽然。

新达尔文主义认为，所有类型的生命都是通过基因变异、遗传和自然选择的过程进化而来的。自1990年代早期开始，新达尔文主义受到了来自美国"智能设计论"（Intelligent Design，简称ID）运动的持续挑战。智能设计论的热衷者包括律师菲利普·约翰逊（Philip Johnson），数学家、哲学家兼神学家威廉·登布斯基（William Dembski），以及生物化学家迈克尔·贝希，他们声称智能设计论是对进化论的严肃科学挑战。他们认为自然界的某些方面——例如细菌鞭毛——太过复杂，是不可能通过基因突变和自然选择产生的。他们基于有关信息和概率的具有争论性的数学假设，利用详细的计算来量化这种不可能性，并证明他们怀疑的正当性。迈克尔·贝希主要着眼于细胞内化学变化中的复杂链现象，比如哺乳动物凝血过程中的一系列反应，即人们所说的"凝血级联"（blood clotting cascade）机制。贝希可以说是拥有生物化学博士头衔的佩利。他认为鞭毛、凝血级联以及其他许多基于多种成分间复杂互动的现象都具有"不可化约的复杂性"，对此最可靠的解释就是假定那些现象都是由一位智能的设计者创生出来的（而贝希和他的大多数读者都认为这位智能设计者就是上帝）。①

美国科学促进会指出，智能设计论的"形成过程存在严重的概念性缺陷"；该理论"缺乏有力的科学证据，且多处曲解了科学事实"；其核心概念"事实上是宗教性的，而非科学性的"。2005 年，在宾夕法尼亚州一桩里程碑式的诉讼案中，约翰·E. 琼斯（John E. Jones）法官否决了多佛学区董事会（Dover Area School Board）的一项决议，该决议要求生物教师在课堂上宣读一则有关智能设计论的声明。琼斯法官指出智能设计论具有宗教性质而非科学，学区董事会的决议违背了《宪法第一修正案》有关禁止政府支持宗教的规定，体现了"令人吃惊的无聊"。此外，宗教领袖也走出来反对智能设计论。为了回应有关争议，他们于 2004 年在威斯康星州发出一封公开信，确认基督教信仰与进化论的教授是相容的，而迄今已有一万多名来自全美不同基督教宗派的牧师在公开信上签字。2006 年，梵蒂冈天文台主任兼耶稣会士天文学家乔治·科因（George Coyne）谴责了智能设计论，认为智能设计论令上帝沦为一名

---

① 迈克尔·贝希 1996 年出版的智能设计论代表作《达尔文的黑匣子——生物化学对进化论的挑战》先后由中央编译出版社（1998 年）和重庆出版社（2014 年）组织翻译成中文并出版。

工程师，实为一种"粗糙的创造论"。①

　　既然智能设计论遭到诸多来自科学、法律和神学的强烈反对，你或许会纳闷：智能设计论运动何以会盛行起来，在美国社会的一些领域大受欢迎？要回答这一问题，有必要先了解一下美国自 1920 年代开始的反进化论运动，以及 1960 年代以后州级法院和联邦法院利用《宪法第一修正案》将宗教排除在公立学校之外的努力。这些历史表明，美国具有保守倾向的基督徒选区试图让公立学校讲授带有宗教动机的反进化论思想，而智能设计论运动是他们一系列努力中的最新尝试。关于进化论和智能设计论的论辩，其侧重并非科学与宗教之间的冲突，而是关于谁该控制教育的不同观点之间的争论。

　　反对者有时会将各种形式的科学创造论和智能设计论描述为"回归中世纪"的动向。这表明人们存在一种普遍的历史误解。实际上，科学创造论运动和智能设计论运动是 20 世纪和 21 世纪的美国产物。此类运动既模仿现代科学又反对现代科学，其之所以在现代美国社会得以广泛流传，是因为多种因素的综合影响，其中包括科学发展的先进状态、较高程度的信奉宗教状况，以及严格执行的政教分立原则。

斯科普斯案

　　1925 年 3 月 21 日，田纳西州州长奥斯汀·皮艾（Austin

① 智能设计论对达尔文进化论的质疑及其争论也迅速由美国传播到包括中国在内的世界各地。有关 20 世纪初中文媒体对此的回应和关注，参见《北京科技报》新浪网专题《达尔文进化论与智能设计论之争》，网址：http://tech.sina.com.cn/d/2006-03-09/2022862854.shtml［2025 年 5 月 30 日检索］。

Peay）签署了一项法案。该法案规定，凡是州政府聘用的教师，如果"教授任何否认圣经中上帝造人说的理论，进而教授人类经由低等动物而来的思想"，便属违法。密西西比州和阿肯色州等其他几个州也在 1920 年代采取了类似的反进化论措施。不过，将此事推向高潮的则是田纳西州的小镇代顿（Dayton）。

美国公民自由联盟（The American Civil Liberties Union，简称 ACLU）认为田纳西州颁布的这一法令为其提供了一个捍卫思想自由的机会。公民自由联盟发布了一则广告，招募一名志愿者以身试法。代顿的一些律师和商人认为这是扩大他们镇知名度的良机，于是说服当地一位名叫约翰·斯科普斯的科学老师挺身试法。结果，此案让代顿镇"名声远扬"，大大超过了当地居民的想象。代顿的"猴子案"成了轰动国际的新闻，并成为在全美电台直播的首例案件。该案也吸引了美国当时最著名的两位律师：威廉·詹宁斯·布赖恩（William Jennings Bryan）作为公诉律师出庭，克拉伦斯·达罗（Clarence Darrow）担任被告律师。布赖恩曾三次作为民主党候选人竞选总统，不过均告失败。布赖恩被誉为"大布衣"（The Great Commoner），坚信人民的绝对主权，反对帝国主义外交政策，支持妇女选举权。晚年的布赖恩越来越多地投身于道德和宗教的"征战"。他支持禁酒令，① 及基于圣经而反对在学校教授进化论。达罗则是知名的不可知论者，也是公民自由联盟的领导之一。

布赖恩与达罗在 1925 年 7 月的交锋及其带给代顿镇的宗

①　禁酒令指美国 1920 年开始的全国性禁酒法令，后于 1933 年终止。

图 15　斯科普斯案期间田纳西州代顿镇反进化论同盟的宣传点。①

───────────

① 图中标语：T.T. Martin. Headquarters Anti-Evolution League. "The Conflict" - "Hell & The High School". Bryan's Books. Hell and the High Schools.（T.T. 马丁。反进化论联盟总部。"冲突" - "地狱与高中"。布赖恩的书 [左]。地狱与高中 [右]。）

教狂欢和进化论激进主义，在 1960 年发行的电影《承受清风》中都有反映。这部电影情节并不完全符合事实，但却令人印象深刻。爱德华·J.拉森（Edward J. Larson）在《诸神之夏：斯科普斯案以及科学与宗教之争在美国的延续》(*Summer for the Gods: The Scopes Trial and America's Continuing Debate over Science and Religion*) [1] 一书中精彩而如实地重述了斯科普斯案，该著曾荣获 1998 年普利策历史著作奖。尽管布赖恩与达罗在法庭上的针锋相对成了传奇，但是作为一个法律戏来看，斯科普斯案并没有多大吸引力。没有人否认斯科普斯触犯了法律，控辩双方都接受斯科普斯教授进化论的事实。最终，斯科普斯顺理成章地被判有罪，并被处 100 美元的罚款。对于达罗和公民自由联盟而言，此案的主要目的是在代顿法庭拿到一个判决，然后向州高级法院和联邦法院上诉，以此来测试反进化论法是否符合美国宪法。对布赖恩而言，判处斯科普斯有罪，是为了代表一些诚实的基督徒民众在政治上进行回击——这些基督徒希望保护自己的孩子免受傲慢知识精英反宗教思想的影响。

有些人一度认为斯科普斯案不过是科学与宗教之间的一次简单冲突，但是威廉·詹宁斯·布赖恩当时发表的政治演说表明，此案没有那么简单，它在当时被普遍视为基督教基础教义与现代世界中的邪恶之间的冲突。布赖恩是刚刚兴起的基督教"基要主义"（fundamentalism）的捍卫者。对于基要主义者而言，达尔文主义的传播既是人类文明堕落的诱因，也是其症状。从欧洲第一次世界大战的血雨腥风到美国爵士乐时代的颓靡，

---

[1] 中译本为爱德华·拉森：《众神之夏："猴子审判"以及科学与宗教的论战》，语桥、徐海燕、刘天伦译，南昌：江西教育出版社，2001 年。

图 16　1920 年代一幅基要主义漫画，画中描绘了一个新的"花衣魔笛手"（Pied Piper）——"徒有虚名的所谓科学"——吹着进化论的曲调，领着美国儿童沿着"教育之路"走向"不信圣经中的上帝"的黑暗山洞。

他们到处可见人类文明堕落的迹象。他们认为信奉基督教和字面解读圣经乃是阻止人类退化的保障。布赖恩还有其他许多人都担心，教授"人是动物"的理论会让孩子们变得残忍而堕落。布赖恩指出，斯科普斯用来讲授进化论的课本——乔治·威廉·亨特（George William Hunter）的《大众生物学》（*Civic Biology*）——中有一幅图，其中人类与"其他 3499 类物种一起被关在冠名'哺乳动物'的小圈子中"。他就此评论道：

> 对人类和低等动物不加区分，这是否多少有失公允？
> 他们将鱼类、爬行动物和飞禽细细区分，却将具有不朽灵
> 魂的人与狼、鬣狗和臭鼬相提并论，这些人的智力——不
> 要说他们的宗教——都到哪里去了？如此贬抑人类，会给
> 我们的孩子们留下什么印象？

布赖恩和基要主义者们最终得偿所愿。在斯科普斯获罪后的几十年里，即便是没有立法禁止进化论教学的州，进化论也很少进入学校科学教学大纲。虽然经过上诉，田纳西州最高法院推翻了斯科普斯案的判决，但其理由并非美国公民自由联盟所希望的违宪，而是一个技术性原因——罚款金额不该由法官指定，而应由陪审团决定。反进化论法最终在美国最高法院遭到挑战，则是四十年之后的事情。

创造论种种

"创造论"一词可用来泛指基于宗教信仰而反对进化论的任何思想。这种反对已经并持续通过许多种形式体现出来。所有创造论者都相信这一点：上帝以超自然的方式迅速创造了宇宙以及地上的生命，而且人类及其他所有物种都是按现有的样子被单独创造的。换言之，创造论者否认所有的动植物拥有共同的祖先。创造论者对进化论的反对，至少有一部分来自他们的权威经文，要么是希伯来圣经，要么是基督教圣经，要么是

《古兰经》。例如，根据《创世记》的说法，上帝用六天的时间分别创造了每一种生物，又按自己的形像创造了男人和女人，并让人高于其余的受造物；在创造完毕的第七日，上帝安息了。英文钦定本的译文是：

> 上帝说：我们要照着我们的形像、按着我们的样式造人，使他们管理海里的鱼、空中的鸟、地上的牲畜和全地，并地上所爬的一切昆虫。[1]

根据《古兰经》，安拉乃是万有的创造者，安拉迅速造生了诸天、大地以及地上的一切，并用泥土创造了人类，分别创造了每一个物种。[2]

许多创造论者的立场都基于对经文的字面解读。一些宗教传统——尤其是新教和伊斯兰教的一些派别——非常重视经文的权威，因此更倾向于严格的创造论。不过，正如我们在第二章有关哥白尼天文学的争论中看到的那样，要具体指定哪部分经文需要完全按照字面意思来解读，这是很难的。在斯科普斯案的审判中，威廉·詹宁斯·布赖恩在接受克拉伦斯·达罗的盘诘时指出，圣经说"你们是世上的盐"，并不意味着"人真的就是盐或者人的肉体是由盐构成的，而是指在保存上帝子民的意义上的盐"。布赖恩解释说这句经文要按照"所给的意思来接受"，也就是要作为"例证"而非字面意思来理解。达罗进一步盘问，说他想知道约拿是否真的被鲸吞掉了。布赖恩纠正说

---

[1]《创世记》1:26。
[2] 参见《古兰经》7:54，15:26，32:7–8。

吞吃约拿的其实是条"大鱼"。当然，不论鲸鱼或大鱼，还是一个人，布赖恩的上帝"都能随其所愿创造出来"。达罗又问到亚当、夏娃及其家人。夏娃"真的是由亚当的肋骨造的吗"？布赖恩说他相信是的。亚当和夏娃有两个儿子——该隐和亚伯。达罗问布赖恩："那你知道该隐的妻子是从哪里来的吗？"布赖恩平静地回答："我不知道，先生，还是让不可知论者去找她吧！"

接下来，达罗开始问一些明显与科学有关的问题。圣经说太阳曾被停在空中，那是否意味着在那些日子太阳围绕着地球转动？布赖恩说并非如此，他相信是地球围绕着太阳转，那段经文想说的是地球停止了转动。然后，达罗又问及地球的年龄。许多版本的圣经在页边都印着公元前 4004 年这一日期，用以标明根据经文推算出的创世日期。达罗问布赖恩是否相信地球只有六千多岁。布赖恩答道："噢不，我认为会更老一些。"达罗追问："有多老？"布赖恩答不出。达罗又问及《创世记》中所讲的"六日创造"怎么理解。其中的一日是指二十四小时吗？对此布赖恩明确答道："我认为并非指二十四小时的一日。"他认为"六日"应该按"六个时段"来理解，上帝完全可以用六日、六年、六百万年甚至六亿年来创造地球。布赖恩说："我认为不论我们相信哪一种时段，都不重要。"紧接着，这场著名的对话就变得刻薄起来。布赖恩宣称达罗在利用法庭攻击圣经。达罗则说自己只是在验证布赖恩那些"全世界有智识的基督徒都不会相信的愚蠢观点"。

总体而言，斯科普斯案审判中这一著名的盘诘环节揭示了有关创造论的两个重要方面。首先，即便是基督教创造论者，对于如何解释《创世记》也存在异议。20世纪初期，许多人都认可为布赖恩所青睐的"以日为代"（day-age）解释法。该理论认为圣经中所说的"一日"实际上指一个地质"时代"，在每个时代都有许多不同的物种被创造出来。其他人则相信地球的确是很古老的，不过他们推测在首次创世与六日创造之间有很长一段"间隔"。在那段间隔期间，或许发生了许多灾难，也出现了许多新的创造，所以才会有后世发现的那些化石。"年轻地球创造论"（Young Earth Creationism）或"创造科学论"不过是创造论更为极端的一个版本。根据这一理论，人们应该接受圣经描述的年表，化石证据不是由连续的创造和许多大灾难造成的，而完全是因为大约五千年前挪亚洪水的缘故。创造科学运动的核心文本被认为重要性仅次于圣经，这些文本主要出自基督复临安息日会信徒（Seventh-Day Adventist）兼地质学家乔治·麦克里迪·普赖斯（George McCready Price）。他的《不合理的地质学：进化论的最大弱点》（*Illogical Geology: The Weakest Point in the Evolution Theory*，1906年）和《新地质学》（*New Geology*，1923年）都以晚近之世界大洪水为依据来解释地质证据。

普赖斯的著作为创造科学论在1960年代和1970年代的复兴提供了灵感。领导此次复兴运动的是得克萨斯州一位教授土木工程的浸信会信徒亨利·莫里斯（Henry M. Morris）。他在1963年建立了"创造研究会"，又于1970年建立了"创造研究院"（Institute for Creation Research）。两个机构旨在提倡一种比之前存在的创造论更为极端的、据称更为科学的基要主义创造论。与布赖恩的反进化论运动一样，创造科学论运动的核心

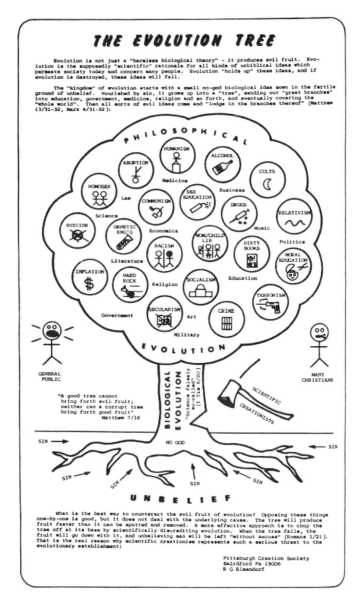

图17　1970年代创造论者的图画：在"罪"和"不信"的滋养下，"进化树"结出了许多恶果，包括一系列世俗的意识形态、道德败坏的行为、经济和社会罪恶。

动机乃是为了保护基督教团体免受现代社会的腐蚀性堕落影响。
R. G. 埃尔门多夫（R. G. Elmendorf）的"进化树"（Evolution
Tree）生动地描绘了 1970 年代被认为是进化论信仰所导致的各
种邪恶现象。"进化树"结出的恶果囊括了世俗主义、相对主
义，以及酒精、"肮脏的书"、同性恋乃至恐怖主义。这一场反
进化论思潮已从美国传播到世界各地。近年来，一位土耳其伊
斯兰作家用笔名哈伦·叶海亚（Harun Yahya）写了许多畅销
书，他在书中指斥达尔文主义为"欺骗"和"谎言"，并借用了 92
美国创造科学论的支持者所用的手段和论证。

　　布赖恩的证言所揭示的创造论的第二个普遍特征，乃是创
造论与科学的含糊关系。布赖恩之所以接受地球围绕太阳转以
及地球历史远比六千年长久，是因为科学证据已经证明了这两
点。那么，他又为什么坚信夏娃就是由亚当的肋骨所造？为什
么坚信《创世记》的描述而不愿相信进化科学呢？创造论者在
什么节点开始不再相信科学证据、转而从字面解读圣经呢？这
一转变的原因又是什么呢？正如我们所看到的那样，现实给出
的答案是：最令创造论者不安的乃是人类的进化问题，而正是
因为人类和动物拥有共同祖先这一暗示，使得绝大多数创造论
者感到自己必须划清界限。

　　创造论者对于科学的矛盾心态在其他方面也表现得很明显。
在抵制某些科学成果尤其是与进化论相关的科学成果的同时，
许多创造论者对科学的成就赞赏有加，而且试图模仿甚至利用
科学的成就。莫里斯和创造科学论者之所以将基要主义反进化
论重塑为一种替代性科学，部分原因是希望公立学校能够教授
创造论，让其得到与进化科学比肩的地位。尽管普赖斯的地质

学作品为该运动提供了科学基础，但是在他写作的时代，创造论进课堂尚未成为牵动社会神经的问题。普赖斯真心希望能够提供一种既符合圣经又符合科学的对自然的理解。

关于伊斯兰教与科学，20世纪最著名的著作之一是《圣经、〈古兰经〉与科学》(*The Bible, The Quran and Science*)。该书出版于1976年，作者为穆斯林医生莫里斯·比卡耶（Maurice Bucaille）。该书声称《古兰经》（而非圣经）中启示的上帝之言包含了许多只有借助现代科学才能理解的陈述。由此，比卡耶引发了伊斯兰评注者的狂热情绪，他们中的一些人努力在《古兰经》中寻找似乎预示着现代科学发现的经文，其范围涉及宇宙扩张乃至两性繁衍机制。其他穆斯林学者既反对比卡耶在《古兰经》中寻找现代科学这一时代错置的做法，也反对叶海亚所倡导的二手创造论。与此同时，他们也在寻觅创立"伊斯兰科学"的途径。他们认为"伊斯兰科学"应该是真正的科学，同时又不带有与《古兰经》不符的纯唯物主义式解释。

《宪法第一修正案》

严格来讲，智能设计论并非某种形式的创造论。智能设计论的支持者并不提及圣经，更不要说试图按照字面意思解释圣经了。他们也没有根据圣经中所说的大洪水来解释相关地质证据和化石证据。他们承认地球及人类的古老历史。一些自由主义智能设计理论家，比如迈克尔·贝希，甚至不否认人类及其他形式的生命拥有共同的祖先。贝希在一定程度上也承认标准的进化图谱中的所有内容，但是他坚信某些关键现象——比如首批细胞的生化构成——只有通过一位智能设计者的干预才能解释得通。智能设计论的其他支持者们声称，如果没有智能干预，就无法解释五亿三千万年前各种复杂新生命的"寒武纪大爆发"（Cambrian explosion）。与过去数十年中活跃的"创造科学论者"相比，智能设计论的捍卫者们走得更远。他们小心翼翼，只在科学话语的范围内提及"设计者"和"智能"的概念，但是从不提及上帝，当然也不会涉及圣经。在有些人看来，这些做法所反映的并非他们事业的科学性，而只是说明智能设计论者狡猾地意识到，要让他们的观点有可能进入美国公立学校，他们就需要尽可能看起来、听起来像科学家一样。

《美国宪法第一修正案》禁止政府通过任何"关于确立宗教"的法律。该法案的初衷并不是要将宗教从公共生活中一股脑剥离出去，而是为了防止某一形式的基督教被确立为类似英格兰教会的国教。从一开始，该法案的支持者还有一个更大的希望，那就是修建起托马斯·杰斐逊所说的"一堵政教分立之墙"（a wall of separation between Church and state）。颁布法令禁止国家公务人员反对"圣经所教的上帝造人说"从表面上看似乎在这堵"政教分立之墙"上凿了一个洞。

自 20 世纪中期以来，美国最高法院逐渐加大力度来监督公立学校遵守关于禁止确立宗教的宪法修正案的情况。有些州通过立法允许在学校安排默祷时间，诵读不带教派色彩的中立祷文，或者要求在教室中张贴"十诫"，但是这些法律后来都被宣布违宪。1960 年代，一条在斯科普斯案时代通过的反进化论法律终于受到了是否违宪的挑战。阿肯色州一位名叫苏珊·埃珀森（Susan Epperson）的年轻生物老师，在美国公民自由联盟的支持下，向阿肯色州于1928年制定的一项法律发起挑战。该项法律规定，讲授"人类由低级动物进化或传衍而来的理论或学说"属于违法。这一官司一直打到美国最高法院，最高法院裁定该项法律违背了《宪法第一修正案》。1968年11月，最高法院宣布，"该项法律之设立及其持续存在，原因在于基要主义教派信仰"。埃珀森案掀开了"诉诸法律"的序幕，而这一进程在大约二十年后促发了智能设计运动的兴起。

　　1970年代，创造论阵营采取了新策略。他们奔走呼吁，要求通过立法，规定"进化科学"与莫里斯的"创造科学"这两种并行的"科学理论"在课堂内会被给予"平衡的对待"或"同等的时间"。"创造科学"不提圣经，但却宣称人类和猿猴各有各的祖先，认为"地球及生物的孕育离现在相对较近"，并利用"包括世界大洪水在内的灾变"来解释地质现象。不过，上述措施保留在法典中的时间并不长。1982年，阿肯色州根据《宪法第一修正案》废止了该州早先通过的"平衡对待"法律。路易斯安那州一条性质类似的法律也于1987年被诉至美国最高法院。最高法院裁定，该项法律所宣称的促进学术自由的世俗目的不过是幌子罢了，其真正目的是为了"宣扬一个超自然的存在创造了人类的宗教观点"。正因为路易斯安那州的这一法案的主要目的在于"支持某种宗教教义"，所以被认为违反了《宪法第一修正案》有关禁止"确立宗教"的条款。

　　因此，1990年代伊始，基于圣经的反进化论法律被一一宣布违宪，那些规定"平衡对待"进化论和"创造科学"的法律也被宣布违宪。然而，当时的民意调查显示，45%到50%的美

科
学
与
宗
教

国公民依然相信人类是上帝在过去一万年以内的某个时间按照人类现今的样子创造的。（这一比例至今保持未变；其余的大多数美国人则相信人类是通过进化过程而演化的，但是他们认为进化过程是由上帝以某种方式主导的。）为了获得这类选民的支持，立法者和校董们便采取了新的策略，让上帝披着科学的外衣重新走入课堂。这也解释了智能设计运动的诞生。各地学区董事会和各州立法机构都曾讨论和考虑过将智能设计论引入科学教育的措施。不过，2005年琼斯法官基于《宪法第一修正案》否决了多佛学区董事会的规定，原因在于该规定带有明显的宗教意图。这一裁决清晰地表明，智能设计论与早先出于宗教动机的反达尔文主义一样，都不会获得法律上的成功。《宪法第一修正案》将会持续发挥作用。

早在1925年，威廉·詹宁斯·布赖恩便已看出，最为核心的政治问题是"谁该控制我们的公立学校？"关于"智能设计论"的争论试图回答这一问题，在此过程中引发了社会冲突。布赖恩说，不能允许持进化论观点的教师"受聘于基督教社区，给学生大讲圣经是不正确的"，进而"将个人观点强加于学生，违背了纳税人和家长的意愿"。布赖恩预言："学校董事会的选举或许会成为最重要的选举阵地，因为家长们对自己孩子的关心以及对孩子的宗教信仰的关心，远远胜过对政治政策的关心。"布赖恩的预言在美国的许多地方都应验了。在某些情况下，法院否决支持创造论的法律，确实违背了家长及纳税人的意愿。但是，正如威廉·奥弗顿（Judge William Overton）法官在1982年否决阿肯色州"平衡对待"法案时所言："《宪法第一修正案》的应用和内容不由民意调查或者多数票决定。"任何组织，无论大小，都不得"利用政府机构将自己的宗教信念推销给他人，而公立学校乃是最显著且最有影响的政府机构"。

然而，自布赖恩那时以来，事情发生了变化。近年来，阻止将智能设计论纳入科学教学大纲的主力不再是法院，而是民主进程本身。在多佛及其他地区，那些为了弱化对进化论的重视或为了增添智能设计论内容而改变了科学课程标准的学区董事会，其成员在下一届选举中大都落选了。布赖恩说最好让家长及纳税人通过投票箱作出最后决定，看来还真给他说准啦？

解释复杂性

不妨假设一下：如果美国的法院和民众并不反对在学校教授智能设计论，或者智能设计论可否进入科学课的争论出现在一个不像美国一样严格执行政教分立制度的国家，事态将会如何发展呢？即便这样，智能设计论依然不大可能被许多人视为一门适合科学课的合理科目，因为会有一大堆来自科学界、神学界、教育界的反对意见。

首先来看科学方面反对智能设计论的情况。这里有两个关联的观点。其一，智能设计论声称生物的复杂性推翻了进化理论，而实际上进化理论是可以解释生物的复杂性的。其二，智能设计论非常消极，总在进化科学中寻找空隙，但却未能提出一个连贯的替代理论。

至于"不可化约的复杂性"论证，那其实是一种很老的反达尔文论证的新面孔。该论证声称，复杂结构无法通过自然选择而进化，因为仅由部分组成的中间类型不具有适应性。一部分眼睛、半只翅膀或者四分之三的鞭毛能有什么用呢？一般来讲，进化论者已经能够回答这一问题。他们已在化石或者现存生物中找到证据，证明中间型结构确实存在，而且具有适应性。比如眼睛，达尔文本人就罗列出了许多类型的眼睛，既包括由感光细胞组成的小团，也包括人类和其他动物"照相机式"的复杂眼睛。他进而表明每一类眼睛都具有适应性，而且可以向下一种类型演进。科学家现在估计，眼睛的整个演化进程也许是在不到五十万年的时间之内完成的。就翅膀而言，尚未进化到完善状态的翅膀也有其用处。比如羽毛的进化，原来似乎只起到隔热作用，后来才被自然选择用来协助另一个很不同的功能——飞翔。就生化过程而言，我们很难找到类似的场景，因为化学反应显然不能像羽毛一样石化。然而，我们还是可以基于现有生物的证据来尝试重构进化过程的。就著名的细菌鞭毛而言，这一点已经实现。科学家认为，鞭毛可能由一种非常相似的已经存在的结构（叫作三型分泌系统［type three secretory system］）演化而来，这个结构原是细菌用来向寄主的细胞注射有毒蛋白质的。因此，"一部分眼睛、半只翅膀或者四分之三的鞭毛能有什么用呢？"这个问题的答案是："有感光、隔热、注射毒素的作用呀！"

　　科学对智能设计论的第二个反对意见涉及智能设计论的消极性。这也是智能设计论区别于科学创造论的另一个方面。创造论者在之前几十年中基于圣经提出了一套替代理论，大胆而又大错特错地断言地球只有几千年的历史，地质现象可以用不久以前席卷世界的大洪水来解释，而且人类的祖先不同于其他动物的祖先。反观智能设计论的捍卫者，他们仅仅关注某些现象（比如寒武纪物种大爆发和凝血级联机制），宣称这些现象展示了太多的"特定的复杂性"，因而不可能通过突变和自然选择演进而来。至此，他们便开始求助于一位智能设计者，但是他们又未能对"智能设计者"的概念进行充分说明，让人们无法进一步探讨。除了宣称进化科学不能解释某些复杂现象之外，智能设计论没有任何新颖的预见。至于什么现象可以通过进化论来解释，而什么现象又要诉诸一位智能设计者的干预，智设理论家并未划出清晰的界限。可以预见，随着进化科学在将来对智能设计论者青睐的例子提出更好的解释——正如鞭毛已经有了更好的进化论解释一样，智能设计论者可以用来佐证"设计"的例子数量必会慢慢萎缩。

　　反对智能设计论的一个主要神学观点正与上述最后一点有关。智设理论家宣称自然现象的某一子集只能借助超自然干预来解释，因为现有的进化论知识无法提供充分的解释。在此过程中，他们似乎假定了一位我们在第三章中讨论过的"空隙中的上帝"。随着进化科学中的那些空隙一一被自然解释所填满，上帝必将逐渐被进一步边缘化。智能设计论的这位修补匠上帝似乎只能在自然界中偶尔被观察到，因为他仅仅存在于我们现下对自然的无知之中，而与我们对自然的认识无缘。对于一位这样的上帝，科学家不感兴趣，神学家也不感兴趣。正因如此，数千名牧师签署了前面提到的那封联名信，公开反对智能设计论。

究竟是不是科学？

　　审理 1982 年阿肯色州案的奥弗顿法官和审理 2005 年宾夕

99

106

法尼亚州案的琼斯法官分别宣布创造论和智能设计论不仅违反了《宪法第一修正案》，而且根本不是真正的科学。这个宣称也算是老生常谈了，即创造论和智能设计论不是科学，因为二者不满足真正的科学必备的一个或多个标准。对于真正科学的"划分标准"，有好几个候选项。有人认为真正的科学必须是可以通过经验验证的，有人认为真正的科学必须提出"可证伪的"宣称，也有人认为真正的科学只能以自然法则和自然进程的形式提出解释。

对于是否可以确定一个区分真正科学的整齐划一的标准，科学哲学家们已不像几十年前那么乐观了。许多科学宣称——包括那些非常有趣的科学宣称在内——都无法直接通过经验得到验证，而只有作为由一系列辅助的理论假设和科学仪器组成的复杂网络的一部分时，才有可能通过经验得到验证。这是一个已被广泛接受的事实。比如，一个关于宇宙大爆炸的数学模型便无法通过直接观察得到验证，而只能在某一反应在大型粒子加速器中发生时通过测量仪器的表现而间接地得到验证。创造科学论者则提出了一些关于地球的年龄以及物种不同祖先的完全可验证的宣称。作为一个理论，智能设计论虽然内容少之又少而性质又非常消极，但它完全可以提出可以得到经验验证的宣称。例如这个断言：在凝血级联或细菌鞭毛等诸多具体而细微的进程和结构中，永远找不到具有适应性的前身类型。创造论者和智能设计论者都在不断提出可验证的宣称，而这些宣称一次次被测验，也一次次被发现存在缺陷。

现在来看"可证伪"这个标准。人们也都接受，在面临经验证据出现不一致的时候，真正的科学家会尝试重新解释证据，而不会轻易宣布自己的理论被"证伪"了。目前还没有哪一种生物学解释可以成功识别出鞭毛进化的每一个阶段（或者许多其他器官或生化进程的进化历史的每一个阶段），但这并不意味着科学家应该宣布新达尔文主义已被"证伪"了。现代进化论框架可以成功地解释那些由许多代人积累起来的、经过许多代人阐释的证据，而且可以成功地将它们统一起来。该框架能让人理解化石记录、物种的地理分布、相关动植物的类似物质特征，以及可以证明早期进化类型的那些残余器官。近期人类在基因序列方面取得的进步为进化论提供了大量新证据，同时也揭示了一系列新的难题和异常现象。面对难题和异常现象时，一位优秀的科学家——尤其一位研究像进化论这样一个久经考验之理论的科学家，不会草率地宣布自己的理论被证伪了，而会设计新实验，提出新理论模型，来解决那些难题，进而解释那些异常现象。智能设计论理论家的所有核心观点似乎都已被证伪，但是他们依然坚持自己的理论并试图重新解释证据。实际上，他们的这一做法与所有优秀的科学家的做法并没有两样。两者之间的显著不同在于其最初的理论——智能设计论的支持者们没有很好的理由来相信他们最初的那个理论。

由上可见，可验证和可证伪都不是令人满意的划分科学的标准。那么，正当的科学理论应该完全基于自然解释，这个一再出现的主张可以作为划分标准吗？这个主张产生的年代相对较近。在此只需列举牛顿和达尔文两个例子就够了。他们两位都认为，在他们解释自然世界的过程中不需将上帝完全排除在外。从 17 世纪到 19 世纪，各种科学理论通常都会论及上帝，不过只将上帝视为立法者而非修补匠。直到 19 世纪末期，专业科学论述中才开始完全排除上帝。时至 21 世纪，智能设计理论家将超自然原因作为其科学的一部分，其做法当然显得有些古怪，既不循惯例，也不合近期的常规。然而，这并不意味着应该将他们完全排除在科学领域之外。主流科学的支持者没有必要对那些将会在成功科学理论中起相当作用的实体作出预先判断，从而给自己打上意识形态和教条主义的标签。

一言以蔽之，反对者如果使用哲学划分标准这一武器来攻击智能设计论，很可能会搬起石头砸了自己的脚。大可不必！在美国，任何要求在学校教授创造论或智能设计论的政策，都会因其带有宗教倾向的意图和影响而无法进入法典。在美国还有其他任何地方，除了选民和法官，科学家和神学家也有诸多很好的理由抵制智能设计论，而无需步入令人伤神的划界标准的哲学迷途。

回到课堂

智设运动最近喊出的口号是"教授争议"，这实际上回应了前几十年的"平衡对待"呼吁。智能设计论教科书《论熊猫和人》（*Of Pandas and People*）的出版人认为该书"可以培养质疑、怀疑和细查的思维，符合广为认同的科学教育的目标"。智能设计论的其他支持者也声称，他们正在努力推动关于科学的公共探讨，提倡开发一门更为全面的、"基于争议的生物学课程"。这并非肺腑之言。当然，不断地批判、质疑和争议会使科学更加昌明，而且此类争议也可以成为一个教授科学的好途径。在一定程度上，智能设计理论家充当了进化科学的牛虻或催化

102

剂，就此而言他们也发挥了一个很有价值的科学功能。然而，智能设计论运动并非一场真正的教育改革运动。该运动所谓的"争议"并非由什么实质性的科学异议所引起，而是一场针对美国基督徒家长而发起的有计划的公关活动的产物。

即便我们表现得宽容一点，允许智能设计论成为某种科学，那它也是一种极为晦涩、一败涂地的科学。如果智能设计论有朝一日成了一项严肃的、有成果的科研项目的基础，进而让科学团体中相当大的一部分认同其观点，到那时再讨论将智能设计论纳入科学课程的问题（如能设法绕过《宪法第一修正案》的反对的话），也许会显得更为合理一些。就目前而言，只有极少数边缘化的科研人员支持智能设计论，而科学界的其余绝大多数成员都拒绝了智能设计论。智能设计论对相当多的一些公众有一定的吸引力，但这种吸引显然出于宗教原因。说到"基于争议的生物学课程"，真要设计这样一门课程的话，那也有无数有趣的科学和哲学争议可供选择。但是，许多选项都会被剔除出去，要么因为技术性太强，要么因为与主流科学偏离太远，要么因为是由特定利益集团基于政治及意识形态而设计出来的。就这三方面的不足而言，有关智能设计论的辩论样样俱全。智能设计论不能进入科学课堂，除了政治、法律、科学以及神学方面的原因外，还有来自教育方面的非常充分的原因。

进化论与智能设计论孰优孰劣，不存在真正科学意义上的争议。然而，创造论与智能设计论的确让人们关注有关科学的本质及其社会地位的真正具有争议性的问题：究竟谁有权决定公立学校科学课的教学内容，是选民、当选政客、法官还是科学专家？为何现代美国社会为反进化论运动提供了如此富饶的

土壤？人们能否有朝一日通过科学方法发现上帝？可验证性、
可证伪性、自然性解释或者三者的任意结合，究竟能否作为划
分科学的标准？对于比较宗教学、科学史和科学哲学的教学而
言，研究创造论和智能设计论都有益处。的确，如果持续将智
能设计论排除在科学教学大纲之外产生的结果之一，是智能设
计论的倡导者发起运动要求将比较宗教学、科学史和科学哲学
等科目也纳入公立学校的教学大纲，那么这一在美国产生的独
特争论或许仍会给教育带来一些好处。

第五章　创造论与智能设计论

第六章

104 心灵与道德[①]

　　如前所见，不论在哪个文化传统中，宗教对进化论的反应始终都集中在人性问题上。信徒们不禁要问：如果人类是按照上帝的形像创造的，又怎么会是猿猴的改进版、蘑菇的老表呢？如果人类的身体由低级生命类型进化而来，那么理性的灵魂又是在什么节点出现的呢？19世纪以来，有关大脑与心灵的科学研究不断挑战着宗教信仰。科学似乎表明，灵魂不过是大脑活动的产物；果真如此，那岂不暗示了唯物主义、决定论乃至彻底的无神论吗？此种论调还会让人们对现世的道德责任抱有信念、对来世的奖罚寄以期望吗？

　　于许多人而言，有关科学与宗教的整个辩论正是由上述问题引发的。信徒们拒不相信科学能够解释人的意识、道德乃至宗教本身。如果宗教经验和人的道德能被解释为自然现象，那么超自然的解释似乎便没有什么必要了。那些主张按照自然现象来解释宗教和道德的人，又常常附带着这样一个明确目标，即一方面表明宗教信念是错误的，一方面又表明科学可以将宗

---

① 正如作者在本章中指出的，英文的mind一词意义广泛而又模糊，其具体含义在外文专业文献中也缺乏一致的定义。勉强而言，该词在不同语境中大致对应于中文的"心""心灵""心智""精神""思维""思想"等中文概念，因此在翻译过程中需根据上下文选择不同的译法。

教信念的真正起源解释清楚。

　　本章旨在探讨关于心灵和道德的科学研究的真正含义之所
在。有些科学观点认为包括利他主义及同性恋在内的人类行为
乃天性使然，本章也将讨论此类宣称所可能附带的伦理意义。
本章末尾指出：科学与医学似乎已经介入了原属宗教的角色，
因为二者界定并强化了正常行为与异常行为的区别，并借助对
未来的展望来改变我们当下的行为。

灵魂与不朽

　　当科学家开始将注意力转向人的心灵时，他们实际上是在
接近一个在宗教生活及宗教思想中占据核心位置长达许多世纪
的领域。不是所有的宗教都尊崇宗教经典，甚至不见得都会信
仰一位创造之神，但是不论东方还是西方，所有的宗教传统都
认为智慧和救赎要从心灵生活中去找寻。

　　对于宗教生活至关重要的感受、思想和情感，人们会用不
同的词汇来描述。从历史上看，"心灵"和"灵魂"（soul）是使
用得最为普遍的两个术语。两者有时被当作同义词使用，有时
则作为彼此的子集。"自我"（self）、"精神"（spirit）和"意识"
（consciousness）都可以用来描述精神生活某个一般性的或更具
体的方面。甚至在专业文献中，对于这些术语的确切含义并未
达成多少共识。但毋庸置疑的是，这些术语所指向的实体正是
宗教所特别关注的。宗教会教导个人如何进行精神实践——比
如遵循日常仪式和礼拜仪式，还有冥想和祈祷——以期由此获
得更高的灵性领悟、更强的精神感知、更大的道德和宗教力量。

宗教还告诉人们，每个人都有一个灵魂，而灵魂的状态及最终命运则取决于人在现世的行为。

　　各宗教传统中关于不朽、复活、重生、轮回或者转世的教义千差万别。即便在三大一神教传统中，相关教义也存在诸多分歧，强调的重点也不尽一致。尽管如此，我们还是可以挑出一些共通的元素。犹太教、基督教以及伊斯兰教都认为人在死后会获得某种形式的新生，要么是身体的复活，要么是灵魂脱离肉体后继续存活，要么两者都是。三大宗教都认为死后生命的本质取决于个人的灵性状态。将来还会有一个审判的时刻，届时上帝会将人类分为两类——蒙拣选者与被定罪者、信徒与非信徒，或者义人与恶人。蒙拣选者将与上帝一起永享和平与欢乐，而其余那些不幸者将受到惩罚。按照基督徒与穆斯林对其教义的传统解释，不蒙拣选之人将被打入火坑，永远承受地狱之火的折磨。与基督教和伊斯兰教相比，地狱概念在犹太教中并没有那么突出。按照一些犹太教士的说法，地狱中的惩罚不过是获得永恒极乐的前奏而已。根据这种传统——上帝确实会在蒙拣选者与被定罪者之间做出最终的、不可撤销的判决——用于判决的决定性标准，有的认为取决于上帝的意愿，有的认为取决于个人的宗教信仰，有的则认为取决于个人的好行为。即便那些强调上帝对每个灵魂的旨意是不可预测的人，或者那些强调信心重过行为的人，一般也都认为蒙上帝拣选之人在现世会秉行公义，虽然义行本身并不能使其得到救赎。个中要点在于，相信来世生命的宗教信条始终与现世生活的道德及社会问题密切关联。

大脑与心灵

现代科学研究越来越明显地表明，大脑是心灵的器官。这一发现使一些人开始质疑传统信仰有关永恒灵魂的存在及死后生命之可能性的信念。

19世纪时，人们尝试确定大脑与心灵之间究竟有何联系，"颅骨学"（craniology）或"颅相学"（phrenology）于是应运而生。颅相家认为，从头盖骨的形状可以看出大脑不同区域的发展程度。头盖骨一个个"隆起"下面的大脑的不同部分与不同的心理特征有关联，比如喜爱儿童、遮掩心理、自尊心强等。因此，颅相家可以告诉人们，他们头盖骨的形状揭示了他们有怎样的心理能力。在维多利亚时代的英国，颅相学盛极一时，被当作一种神经学版的星象术而受到追捧。那些了解自然的秘密运作的非凡之士，通过观察人的头盖骨的隆起便能揭示人的性格特征和未来命运，这让当时的人们着迷不已。甚至维多利亚女王也让颅相家给自己的孩子看过相。

虽然颅相学的细节一无是处，但是不同精神功能与大脑特定部位有关的基本观点却很有科学价值。通过研究因疾病或受伤而导致脑部损伤的患者，科学家们得以更加精确地定位大脑的功能区。1860年代，法国医生保罗·布罗卡（Paul Broca）发现，负责语言生成的大脑部位应该在额叶——该部位至今仍被称为"布罗卡区"（Broca's area）。非同寻常的菲尼亚斯·盖奇（Phineas Gage）病例为我们提供了进一步的洞见。盖奇是美国佛蒙特州的一名铁路建筑工人。1848年9月，他在一次炸

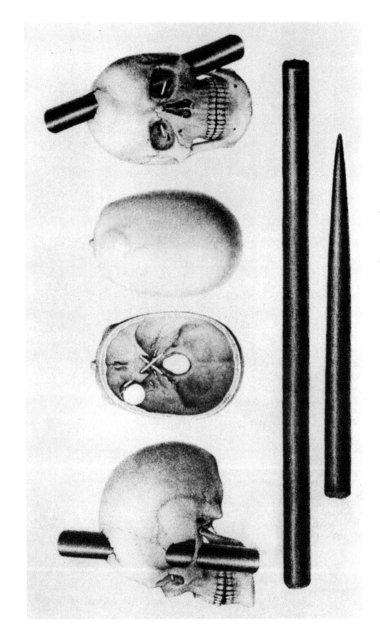

图 18　本图展示的是 1848 年穿透盖奇脑袋的铁质炮棍，以及铁棍穿透头盖骨的轨迹。

药爆炸事故中受伤，一根一米长的铁质炮棍从他的脸颊射入并穿过头顶而出。令人震惊的是，盖奇竟然活了下来，身体基本功能似乎也没有受损。但人们很快便发现，额叶受损令盖奇的人格发生了显著变化。他失去了与人共情的能力，他的社交行为变得古怪且不可预测。当然，此类案例数以千计，盖奇不过是其中令人难忘的一例而已。通过这些案例，人们对于大脑不同区域的功能开始有了更为清楚的认识。

晚近以来大脑扫描技术方面的发明进一步提高了大脑研究的精准度，从而揭示了大脑不同部分之间的动态互动，让人们对受损大脑以及正常大脑的活动有了更多的认识。神经系统科学家甚至可以利用磁场刺激大脑，以此来研究磁场刺激对那些大胆的实验对象产生的精神作用。除了应用于许多其他精神官能的研究之外，这些技术已被全部用来研究宗教体验。在今日，佛教僧侣和罗马天主教修女似乎经常面临着被当作实验品的"危险"——神经系统科学家可能会请他们躺在功能性磁共振成像（functional Magnetic Resonance Imaging，简称 fMRI）扫描仪中，或者戴上连接着许多电极的特制橡胶帽子，来配合完成有关属灵体验的神经科学研究。

在这一系列研究中，有些研究表明大脑的某些特别区域会专门参与宗教体验的产生。颞叶便是这样一个区域。部分原因在于，颞叶癫痫患者似乎很容易感受到宗教性体验。美国神经系统科学家迈克尔·佩尔辛格（Michael Persinger）就此做了进一步实验，他制作了一个刺激颞叶的设备，试图诱导实验对象产生宗教性体验。迈克尔将该设备称为"环颅磁刺激器"（Transcranial Magnetic Stimulator），其他人则称其为"上帝头盔"。尽管人们对该设备的检测结果有争议，但是许多参与实验者都报告说自己体验到了某种光明的存在感或者超然的一体感。其他的研究也确认了冥思状态涉及的大脑区域。近期的一些研究则表明，似乎并不存在什么单一的"上帝区"（God spot）。比如说，马里奥·博勒加尔（Mario Beauregard）和文森特·帕克特（Vincent Paquette）于 2006 年对加尔默罗会（Carmelite Order）修女进行了研究，发现修女的属灵体验会同时涉及大脑的数个不同区域。

¹¹⁰ 二元论与物理主义

上述大脑科学研究对于宗教意味着什么呢？有一家报纸以《修女证明上帝并非臆想》的标题，报道了博勒加尔和帕克特的研究。这一标题似乎隐晦地表明，如果整个大脑都参与了宗教体验，那么关于存在"上帝区"（该区域或许存在于颞叶中）的理论便不成立；如果不存在"上帝区"，那么认为宗教体验"只不过"是单一大脑区域的活动的信念便不成立。换言之，如果精神感觉由大脑的许多区域而非某一区域产生，这样的发现带给宗教或神学的麻烦会少一些。至于何以如此，上述标题并未明示。这个例子很好地说明了哲学和神学对于经验主义神经科学研究的模糊态度。

神经系统科学已成功地揭示了大脑的某些状态与包括宗教体验在内的精神体验存在关联。有人认为这一发现直接否定了有关神秘体验以及灵魂不灭的传统信念。根据这一怀疑性论调，一种体验要么由大脑产生，要么由某一非物质存在（上帝或灵魂）引起，而不可能由两者共同激发。如此，某一体验如能得到神经学解释，便排除了超自然或宗教解释。所谓超自然现象就被科学轻描淡写地解释了。

乍看起来，这似乎是一个合理而再简单不过的假设。然而，还是有众多哲学家、科学家和神学家会否认这一假设。为人的宗教和道德信念的源头提供神经学解释，或者就此而言提供进化论解释，这本是一项有趣的科学事业。时至今日，这项事业已发展成为"认知科学"这一雄心勃勃的研究计划的一部分。根据这一假设，我们的所有信念——无论宗教的、科学的，还是其他方面的——都是同一套经过进化的神经系统设备的产品。果真如此，让大家关注这一事实并不能帮助我们进一步从哲学上分辨哪些信念是正确的，而哪些信念又是错误的。

应对神经系统科学给宗教信仰带来挑战的另一种方式，便是采取某种形式的"二元论"。换言之，就是断言世界上存在着两种截然不同的物质或性质——精神与物质，两者可以相互作用，且这种互动在人类中表现得尤为明显。对于神经系统科学家发现的大脑与精神活动的密切关联，二元论者不会将其解释为精神不过是大脑的活动，而会将其解释为精神会与大脑互动或将大脑用作自己的工具。勒内·笛卡尔在17世纪提出的广受学者关注的学说便属此类哲学。时至今日，继承笛卡尔学说的哲学家及其他人士仍然不在少数。理解二元论的关键问题包括：物质存在与非物质存在如何相互产生具有因果关系的作用？为何要选择二元论，而不选择认为精神属性是大脑属性的物理主义这一看似更为简单的替代理论呢？

即使在某种意义上所有的精神体验都是物质性的，我们依然无法言明究竟在"何种"意义上。为何只有特殊的几团物质（就我们所知而言仅限于活体动物大脑中复杂的神经细胞网络）可以展现出意识的性质，而其他物质（比如岩石、蔬菜甚至于电脑）就展现不出意识的性质呢？近年来，对该问题感兴趣的哲学家及神学家们已讨论过一些概念，比如"突现"（emergence）、"随附性"（supervenience）以及"非还原性物理主义"等。凡此种种，都试图说明精神实体的存在如何既依赖于物质实体而又独立于物质实体。说精神是"突现的"或"伴随性的"，乃是暗示精神是自主的（autonomous）。不过，这里的意思不是说精神可以独立于大脑而存在，而是说精神展示出的性质和规则不可系统性地还原到神经学层面。

肉体复活与主观不朽

　　对于"心灵"和"灵魂"的理解，我想大多数信徒很难超越其宗教教义而去接受一个纯物理主义的重新解释。不过，在他们的宗教传统中倒有一些可以支持这种解释的资源。希腊哲学惯于强调身体与心灵的二元性，相比后来受其影响而产生的观点，希伯来圣经提供了一个与身体关系更为紧密的人格观。在《创世记》中，为了惩罚亚当和夏娃在伊甸园中的悖逆行为，上帝告诉亚当："你必汗流满面才得糊口，直到你归了土；因为你是从土而出的。你本是尘土，仍要归于尘土。"[1]《传道书》中的传道者也有类似的描述："因为世人遭遇的，兽也遭遇，所遭遇的都是一样：这个怎样死，那个也怎样死，气息都是一样。人不能强于兽，都是虚空。都归一处，都是出于尘土，也都归

---

[1]《创世记》3:19。

于尘土。"① 圣保罗在新约中的著述对肉体复活的强调也甚于对灵魂永恒的强调。《使徒信经》(The Apostles' Creed)、《尼西亚信经》和《亚他那修信经》(The Athanasian Creed)也分别肯定了这些信念:"我信身体复活;我信永生","我信死人的复活和来世的永生",以及在耶稣再来时"万人必具身体复活;并供认所行之事。"

从某种意义上来讲,不再强调灵性不朽,而是回归肉体复活的传统信念,这不失为从宗教层面回应神经系统科学之进步的体面之举。然而,这样做的结果却无异于从二元论的油锅跳入《启示录》的火坑。如果说现代科学暗示灵魂永恒的信念有些问题,那至少可以说现代科学也会同样质疑下述观念的依据所在:在未来某个节点,上帝将用一场末日灾难终结历史,宇宙将被毁灭并得以重造,死人将会连带肉体复活,接受他们的创造者的审判。要给非物质性的灵魂在人类进化的历史中以及大脑活动中安插一个位置,这会带来一些问题。对于那些不想面对这些问题而寄望于这一大神迹的人而言,相信物理主义及肉体复活或许依然是最佳选择。

对于那些既不相信属灵重生也不相信肉体复活的人而言,主观性不朽的观点也许会让他们感到些许宽慰。所谓主观性不朽,乃是这样一种人道主义观点,即人应该希望自己死后通过朋友、子女或所做的工作得以不朽,而不该自私地奢望在来生得到天上的奖赏。这一古老观点在 19 世纪的世俗主义者中曾经颇为流行,乔治·艾略特(George Eliot)在其小说《米德尔

---

① 《传道书》3:19–20。

马契》(*Middlemarch*，1871–1872年）的结尾部分阐述了这一观点。对于书中的女主角多萝西娅（Dorothea），叙述者这样评说：

> 她对周围人的影响，依然不绝如缕，未可等闲视之，因为世上善的增长，一部分也有赖于那些微不足道的行为，而你我的遭遇之所以不致如此悲惨，一半也得力于那些不求闻达，忠诚地度过一生，然后安息在无人凭吊的坟墓中的人们。①

但并非所有人都喜欢这样的想法。当伍迪·艾伦（Woody Allen）被问及是否希望通过电影的影响而成就不朽时，他答道："我不想通过工作实现不朽。我想通过不死来获得不朽。"

自私与利他

诚如我们所见，有关灵魂和死后生命的信仰始终与此时此世的道德和社会生活密切相关。这一关联有时会被表现得很粗糙和直白。18世纪一位名叫以撒·华滋（Isaac Watts）的公理会牧师编纂了一本很流行的书，名叫《儿童圣德之歌》(*Divine and Moral Songs for Children*)，其中有一首讲到了圣洁生活与上天奖赏之间的联系。好多代英国儿童都应该背诵过这首诗：

① 该段译文选自艾略特：《米德尔马契》(下)，项星耀译，北京：人民文学出版社，1987年，第783页。

114

高高的上空，

有爱与欢乐的天堂；

圣洁的孩童，

死了要去那个地方。

阴森可怕的地狱，

万般痛苦永恒久长：

罪人与魔鬼一路，

戴着枷锁住在火中。

我这只可怜虫，

能否逃过被咒的下场？

无论何时死亡，

可否祈愿都能升天堂？

趁着尚有呼吸，

我要祷告我要读经，

以免今日离世，

坠入永恒死亡之境。

　　当自由思想家的反基督教作品——比如托马斯·潘恩的《理性时代》——开始流行时，信徒们的一个主要顾虑便是：如果不再相信天堂和地狱，人们恐怕就会放纵欲望，只顾一己私利。他们担心，如果没有宗教，人类社会就会充斥兽性，陷入混乱。正如一位法官在判处一位出售潘恩作品的书商入狱时所说，如果人们大量阅读这类书籍且相信其中的观点，那么法律将失去"一个主要的制裁功能，即对未来惩罚的恐惧"。

那位 18 世纪的法官的意见，至今仍然不乏响应。赞同者认为，在这个腐化堕落、物欲横流的世界里，幸亏有宗教信仰提供道德指引和操守标准。宗教提供的道德框架，当能帮助人们区分是非对错。信徒可以参阅经文，从中知晓上帝要求其子民诚实、可信、孝顺父母，知道上帝禁止其子民偷窃、通奸、崇拜假神。此外，个人还可以倾听发自内心的上帝的声音，从自己的良知那里获得道德指引。信仰者如能虔诚地行走神圣之路，当会在审判日被判为义人而非恶人。相反，不信者则被视为率性而为、自我放纵、自私自利的造物；他们信奉的座右铭是："我们就吃吃喝喝吧！因为明天要死了。"①

不信与自私之间所谓的联系，还因某一对生物进化的特别解释而被强化了。根据这种解释，进化乃是一个受自负和竞争驱策的进程。现代社会对进化的标准解释也强调，除非某一品质或行为对个体生物有好处，否则该品质或行为便不会得到进化。这样一来便排除了利他行为的可能性——除非将利他主义理解为某种开明的自利。如果进化不能产生真正的利他主义，那么那些圣徒般的个人所做出的自我牺牲行为或许只能解释为他们得到了上帝的感动或所赐予的能力吧。甚至人类基因组计划（Human Genome Project）前主任弗朗西斯·柯林斯（Francis Collins）也在其《上帝的语言》（*The Language of God*，2006 年）一书中认为，仅凭科学无法解释人类心中存在

---

① 《哥林多前书》15:32；另参《传道书》8:15，《以赛亚书》22:13，《路加福音》12:19–20。

的爱与利他的"道德律"。

不过，这里或许又是一个需要宗教辩护者小心谨慎的场合。亨利·德拉蒙德曾经警告，不可将上帝放在基于现有知识而推定的空隙中。对许多人而言，前述"利他"的空隙已经被填满了。达尔文本人也曾暗示，合作行为可以通过在族群层面运作的自然选择机制产生。一个由倾向于合作与自我牺牲的个人组成的群体，应该会胜过一个由不合作的自私个人组成的群体，进而走向兴盛发达。对于利他行为，理查德·道金斯在他1976年出版的《自私的基因》（*The Selfish Gene*）一书中宣扬了另一种进化论解释，即"亲缘选择"（kin selection）理论。该理论断言个体只有在维护家族成员的利益时才会表现出利他行为。根据这一版新达尔文主义，自然选择在基因层面发生作用，所以只有在符合我们"自私的基因"的利益时，我们才会做出利他之举，而这只有在我们通过帮助近亲（他们拥有我们的许多同类基因）从而传播更多这样的基因时才会发生。从另一方面来看，一个让我们帮助外人的基因则不拥有这样的进化优势，因为它只会传播那些与己无关的竞争性基因。

当然，道金斯并不想将任何实际意图——不管自私的还是利他的——归于基因本身。他只是用"自私"这一术语来形容DNA分子串（基因），以期通过这种富于想象的隐喻方式来向广大读者传达一个复杂的科学理论。就此目的而言，道金斯出色地达到了。不幸的是，他也给我们带来了一个副作用，那就是让关于利他行为的辩论变得异常混乱起来。在《自私的基因》中，道金斯以书中特有的修辞写道："让我们努力**教导**慷慨与利他的品质吧，因为我们生来是自私的！"可是，亲缘选择理论的核心观点恰恰在于：个体表现出的行为可以是完全"利他"的（平常意义的"利他"，而非分子意义上的"利他"），但是利他行为背后的原因则是为了传播个体的基因。实际上，道金斯一书的真正观点是"自私的"基因可以造就利他的人们，只不过这一点被作者的有些说法搞混淆了。比如，道金斯提到我们需要"反抗那自私复制者的暴政"，需要给我们的孩子教授利他主义，等等。在新出的《上帝错觉》(*The God Delusion*，2006年) 一书中，道金斯的立场便显得更为连贯一些。他认为人类的行为表现出普遍的合作性和利他性，这实际上是非常自然的，而且应被视为本来只为造福近亲的机制在进化中出现的一个"蒙福的失败"(blessed misfiring)。

《自私的基因》一书引发的那场突如其来的大讨论，在一定程度上遮掩了达尔文主义的另一悠久传统，即历来都有一批作者在呼吁将自然视为同情、利他和互助的导师，而非斗争和自负独断的师傅。虽然达尔文自己的作品经常让人想起充斥着斗争和冲突的自然图景，但是他的《人类的由来》一书也强调了动物生活中更具合作性的一些方面，书中记录了昆虫、鸟类和猿猴中体现自我牺牲和协作精神的行为，并最终延伸到道德进化的顶端——人的良知。自达尔文时代以来，人们又提供了更多类似的例子，例如详细的研究揭示了群居昆虫中存在的利他与合作的复杂系统，还有一些鸟类及哺乳动物种群中也存在体现了利他精神的哨兵——当有危险逼近时，这些哨兵会冒着生命危险来警告其他成员。

所以，世俗人道主义者大可这样说：要让自己成为好人，我们实际上并不需要宗教，也无须相信死后的生命，只需遵从自然就行了。另一方面，宗教信徒或许会告诫我们，用科学来解释人性意味着人类将会像动物一样行为。但是，既然像动物一样行为在某些情况下意味着个人要牺牲自我来为他人谋福利，或者为了共同目标而与他人协作，那么也许我们都应该更多地向动物的行为看齐才对。

应对异常

各一神论传统的道德与律法准则显示，这些宗教极为关注各类社会问题，包括如何处理与临近部落的关系，如何应对宗教异见问题，如何执行涉及饮食、着装、室内陈设等诸多日常生活细节的教规，如何惩罚那些违反教规者，等等。除了这些方面，另一个反复出现在宗教规条中的主题就是性了。自人类文明存在以来，性欲给人带来了许多欢愉，但同时也引发了许多冲突和焦虑。各宗教都试图制定法规来应对人的这一强大欲求。一般而言，婚姻之内以繁衍后代为目的异性性交已得到各宗教的认可（尽管圣保罗认为保持独身是更好的），而任何其他形式的性行为——尤其是自慰、同性性行为以及与家人的性行为——通常都受到各宗教的谴责（有时还被认为应该处以死刑）。

在有的现代社会中，科学与医学已逐渐取代传统宗教信条，成为区分正常与异常最受认可的权威来源。在这些社会中，我们可以观察到两个并行的趋势：一个是对原先的道德问题的去道德化；另一个与此相伴而来，即利用医学和科学对社会上现有的区别与不公进行强化与自然化。在支持或反对此类社会区分时，现代科学同圣经一样，都表现出了意识形态上的可锻性。以下关于性伦理的两个例子可简要说明上述两个趋势。

19世纪末期，人们开始对同性性行为有了新的看法（与此同时，英文"同性恋者"[homosexual]一词也被造了出来）。在那之前的主流观点认为，两个男人之间的性行为是反自然的有罪行为，是道德沦丧或品行堕落的迹象。此类行为还得了一个源自圣经的名字——"所多迷"（sodomy，鸡奸），以示其与《创世记》中所描述的所多玛（Sodom）和蛾摩拉（Gomorrah）的罪恶有关。① 两个男人发生性行为，不仅犯罪而且犯法（1861年之前在英国会被处以死刑）。1895年，奥斯卡·王尔德（Oscar Wilde）因严重猥亵行为获罪，被判在狱做苦役两年，这在当时引起了巨大轰动，也让同性恋问题受到广泛关注。后来，一种我们可视为更科学的、更具自由主义倾向的观点逐渐引起人们的重视。促发这一转变的一个关键人物是性学家哈夫洛克·埃利斯（Havelock Ellis）。他对同性恋男子进行了心理学研究，指出同性性行为也是自然的。他认为我们不该因为一个人的本能行为而将其送入监狱。到了数十年后的1967年，埃利斯的观点终于在英国得到广泛认可，两成年男子之间的自愿性行为不再被当成犯罪。

人们对待手淫的看法也如出一辙。与同性性行为一样，手淫也有一个受到圣经启发的名字——"俄南癖"（onanism），表示其与一个叫俄南（Onan）的人的罪行有关。据《创世记》记载，俄南的父亲叫他跟寡嫂同房，好给哥哥生子立后，但是俄

科
学
与
宗
教

---

① 参见《创世记》18:16–19:29。

128

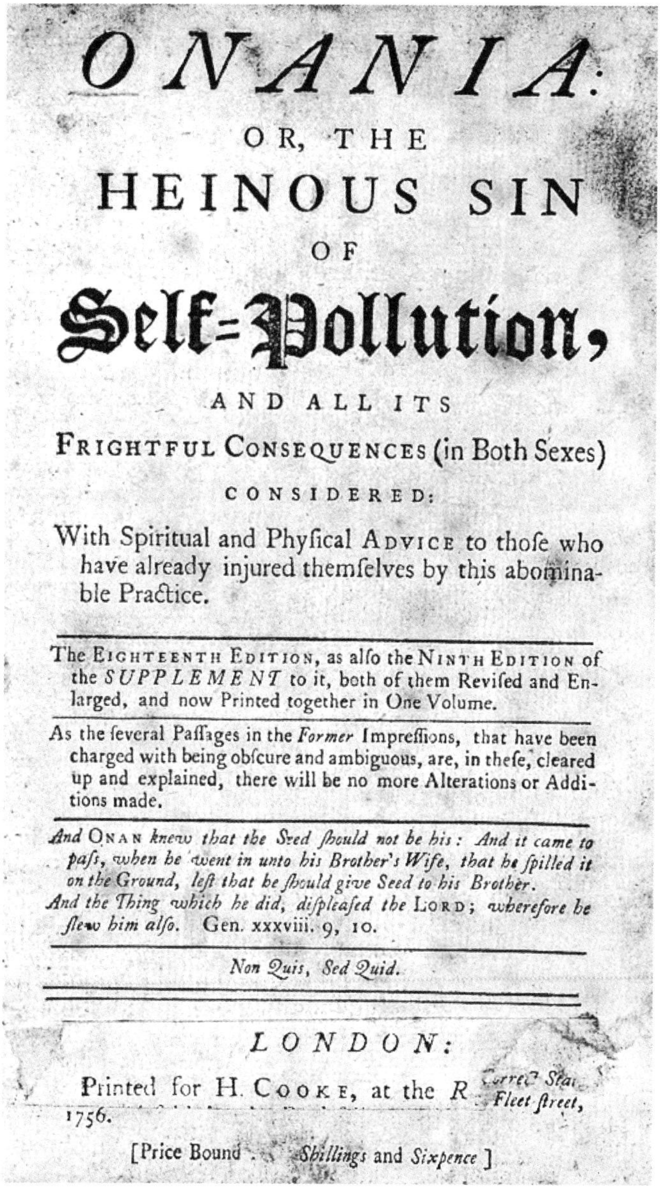

ONANIA:
OR, THE
HEINOUS SIN
OF

Self=Pollution,

AND ALL ITS

FRIGHTFUL CONSEQUENCES (in Both Sexes)

CONSIDERED:

With Spiritual and Physical ADVICE to those who have already injured themselves by this abominable Practice.

The EIGHTEENTH EDITION, as also the NINTH EDITION of the *SUPPLEMENT* to it, both of them Revised and Enlarged, and now Printed together in One Volume.

As the several Passages in the *Former* Impressions, that have been charged with being obscure and ambiguous, are, in these, cleared up and explained, there will be no more Alterations or Additions made.

And ONAN knew that the Seed should not be his: And it came to pass, when he went in unto his Brother's Wife, that he spilled it on the Ground, lest that he should give Seed to his Brother. And the Thing which he did, displeased the LORD; wherefore he slew him also. Gen. xxxviii. 9, 10.

Non Quis, Sed Quid.

LONDON:

Printed for H. COOKE, at the R Fleet street, 1756.

[Price Bound . Shillings and Sixpence]

图 19　无名氏所作题为《俄南癖》的小册子，1716 年在伦敦首次发行，这是 18 世纪中叶的一个版本。

南没有听话，"便遗〔精〕在地"。《创世记》写道："俄南所做的在耶和华眼中看为恶，耶和华也就叫他死了。"[1] 在 18 世纪和 19 世纪，对手淫的谴责也由宗教层面进入了医学诊断。一篇题为《俄南癖》（*Onania*）的论文广为流传，其中谴责了这种"令人发指的自污罪行"（亦称"自渎"）及其"对（男女两性）造成的可怕后果"。这篇论文将性逗引行为直接与道德主义及医学建议挂钩。整个 19 世纪，出现了更多类似的论著，只不过显得更为体面一些罢了。手淫既是精神失常和身体衰弱的症状，也是其原因，这已然成了当时正统医学的一个信条。为了应对这种既是肉体上也是道德上的罪恶，人们还设计出了一些令人不快的治疗方法和用于惩罚的花哨装置。与同性性行为一样，在对待手淫问题上，医学理念和实践逐渐取代了宗教和道德信条，成为处理性异常行为的主要途径。同样的模式也出现在有关男女差异的辩论以及有关白人殖民者与土著居民关系的辩论中。由此可见，人们一贯用宗教和政治术语为其辩护的不公现象，后来又很方便地从关于性别和种族的科学理论中找到了新的理由。

自然主义谬误

在追逐各种政治目标的过程中，人们曾利用过宗教，也曾利用过科学。但从固有属性来讲，无论是科学还是宗教，都不具有自由主义或保守主义、种族主义或平等主义、压迫性或纵

---

[1] 参见《创世记》38:1–10。

容性的倾向。科学与宗教分别为人们提供了一种理解这个世界的方式，而无论哪种方式都可能被用来迎合几乎任何一种意识形态的愿景。不过，虽然我们已经习惯性地认为宗教信徒会从各自信仰的角度去看待伦理问题和政治问题，但是我们尚未学会以同样的态度来看待那些自称为科学代言的人。从表面来看，采用科学的进路来理解伦理问题似乎不失为一个公平而客观的方法，因为科学的指引源于自然，而非来自人的偏见。难道自然发出的声音不是既响亮又公允的吗？

　　有些哲学家渴望能有一个更为科学的途径来研究道德，为此他们构建了一整套一整套的"进化伦理"体系。对这些哲学家而言，既然人的良知和道德情感是进化的产物，那么伦理也应该从进化的视角来研究，而不应采用宗教的视角，甚至也不应采用哲学的视角。不过，他们的种种设想和计划都面临着一个问题，即伦理并非遵从自然那么简单。哪怕能够证明我们被自己的进化过程赋予了某种"自然的"本能，都丝毫无助于回答"该不该遵从那种本能"这一伦理问题。那些让人们倾向于暴力、盗窃、通奸的本能，应该也有其进化的根源吧？无论我们赞成关于进化生物学的何种解释，人类生来就有为自己谋利的倾向，但也有为他人（至少某些他人）谋利的倾向。这一点是再明显不过的，也是过往很多道德哲学家所指出的。具体而言，利他行为究竟是不是一种自然的本能，这与要不要遵从这一本能或在什么程度上遵从这一本能的问题毫无干系。要回答后者，我们就得思考我们作为个人和集体要坚守怎样的规则和目标才能过上向往的生活。

　　仅仅因为可以证明某事物是自然的或进化的，便推想该事物在伦理意义上是可取的，这个错误推定有时被称为"自然主义的谬误"。这个奇怪的措辞出自英国哲学家 G. E. 摩尔（G. E. Moore）于 1903 年出版的《伦理学原理》（*Principia Ethica*）一书。在摩尔看来，任何受到误导而试图用"愉快""有用""对物种有益"等自然主义谓词去定义"善的"这一伦理性谓词的道德体系，都会犯下"自然主义的谬误"。

　　一些宗教思想家以"自然主义的谬误"为由来反对一切研究伦理的世俗进路和科学进路。然而，值得一提的是，摩尔禁止将"善的"一词翻译成任何非伦理的术语，他也将这一禁令应用于伦理学的形而上学体系和哲学体系。事实上，摩尔的观点相当于彻底的道德神秘主义。任何将"善的"等同于"符合上帝的意志"或"为了最大多数人的最大幸福"的伦理体系，甚至可以说将"善的"等同于任何其他东西（只要不是摩尔本人所青睐的那种直觉领悟的美的特质）的伦理体系，都会犯"自然主义的谬误"。由此观之，不论通过宗教进路还是科学进路来研究伦理，处境都一样糟糕。

超越自然

　　本章讨论的利他行为和性行为的例子，会让我们多少明白
123 一点：对于任何声称基于自然理由的道德观点或政治观点，我们都应持怀疑态度。要知道，我们会被各种美好的动机所蒙蔽而支持形形色色的此类论证。例如，呼吁废除反同性恋法的人，通常会以种种鸟类和哺乳动物中的同性性行为为据，来支持同性恋属于自然行为的观点。对于手淫行为，现代正统医学认为

不仅应该允许，而且还应积极鼓励，因为手淫是自然的。进化生物学的一些解释暗示，我们必须服从于一个由自私统治的社会，而反对此种解释的宗教人士则坚持认为，人的利他行为不仅是可取的，而且是自然的。在这些语境中，"自然的"实际上是固定、既定、决定的意思。其所意指的不是一个自由个人的作为，而是不可改变的自然法则的作用。至于应该允许什么样的性行为，抑或应该如何平衡管理社会中不同群体的利益，此类政治问题应由人类法律来决定，而不应由自然法则来掌控。

　　再来思考一下同性恋的例子。我们也许可以以 1960 年代英国相关法律的变更为据，来证明如果对一个问题采取科学的解决途径，会让开明而理性的政策取代过时的宗教偏执观念。然而，这会使我们忽视可称之为"现代道德医学化"的其他几个方面。将同性恋从道德和犯罪范畴中区分出来并归入医学范畴，这从好几个方面来看既是一种解放性的转变，也是一种压迫性的转变。据此，同性性行为应该被视为某类异常人的行为，而不应被简单视作一种人人都可能沉迷其中的东西。在这个意义上，医学观点反而强化了正常与异常的分野。其次，同性恋的医学模型观显得更加严格，且更具决定作用。性行为不再是个性的表达，而是由人的生物属性决定的，是不可改变的。最后，这种新同性恋观认为同性恋属于医学意义上的障碍。尽管同性恋是一种自然状况，人们应该给予同情而非谴责，但同性恋依然是一种障碍。到了 1960 年代，英国修改了反同性恋法，不过上述观点依然盛行。宗教界和医学界仍然尝试定义并强化正常与异常之间的区别。这从下述事实可见一斑：至今仍有为数不多的组织支持同性恋是病的观点，认为同性恋者应该接受

124

治疗，而这些组织正是宗教团体。

在有关利他主义的例子中，宗教对有关竞争和"自私基因"的进化论观点作出的反应，实际上夸大了自我牺牲的价值。近来进行的科学与伦理的辩论，似乎经常把道德的良善等同于利他主义。有人认为利他是人的自然本性，所以我们应该顺从自然。其他人则坚决认为，进化而来的人类本质上是自私的，所以我们要与这一自然倾向作斗争。然而，这两种观点的基础都不牢固，因为两者对"过好的生活"之含义的理解都很有限。实际上，世俗道德家和宗教道德家都非常重视个人主义和自我发展。正如一些评论家所指出的，耶稣的确告诉那位年轻的富人变卖所有财产，并把收入分给穷人，这样他就可以拥有"天上的财宝"；① 不过，耶稣所给的建议是为那位年轻人好，而不是为穷人好。此外，也有政治意义牵扯其中。利他主义的意识形态可由统治精英们随意操纵。为他人而活的观点听起来似乎非常高尚。然而，极权主义政府也会利用这一观点去说服人民，要求人们将整体利益置于个人权利之上。同时，政客们也会利用这一观点；为了实现自己的政治目标，他们会让成千上万的军人做好放弃生命的准备。我想那些人体炸弹也可能以为自己的行为体现了英勇的利他主义。我们再次看到，利他主义的价值是由政治和道德层面的讨论所决定的，而不通过诉诸自然所决定。

正如前文所述，宗教伦理与科学伦理都会从有关自然、社会、人类的事实或权威文本中获取道德指引。在为自己的尝试辩护时，两者的处境一样糟糕（也因此可以说一样好）。宗教和

125

---

① 参见《马太福音》19:16–30，《马可福音》10:17–31，《路加福音》18:18–30。

科学都能提供资源，以供人们了解自身的处境。若从某特定世界观或意识形态内部来看，有些普遍真理似乎是根本性的、不可更改的：于穆斯林而言，是《古兰经》的真实性；于基督徒而言，是复活的事实；于无神论者而言，是所有道德规范的纯人性本质。然而，对一位也许仅仅可能存在于我们想象中的中立观察者而言，科学和宗教都不能决定我们应该遵从何种基本公理。不过，科学与宗教可以提供概念、信条、做法、仪式和故事，从而帮助人们拼凑出道德意义来。

在现代世界，拼凑道德意义的尝试好像越来越多地为科学、技术和医学所主导。以往宗教的伟大先知警告，我们必须纠正自己的邪恶行为，否则将会面对神的愤怒和宇宙性灾难。我们如今得到的警告则是：淫乱、暴食、贪婪会导致性病、肥胖以及全球变暖，而全球气温达到灾难性高度后会给我们的星球带来洪水、火灾和毁灭。虽然警告的细节发生了变化，但其本质结构却是一样。科学和医学向我们展示了可怖的未来图景，而当代决策者和政治领导人就像往昔的先知那样，也试图利用此类图景说服我们及时悔改，以免为时过晚。

展望未来，我们有充分理由相信，科学与宗教会继续兴旺发达，给人以启迪和激励，也会继续给人带来挫败、迷茫和压迫。"科学"与"宗教"之搭配成对，是到了现代才出现的。有人或许希望能够摒弃"科学与宗教"的这一半或另一半，或者至少能够说服科学或宗教不再声称在知识、道德或政治的某个领域拥有权威，免得引起麻烦。不过，这些人在许愿时应该小心：他们真想生活在一个就本书所讨论的问题全体达成一致的社会吗？那该是一个什么样的地方啊？

参考文献

引用多次的网站名缩写

CCEL   Christian Classics Ethereal Library: http://www.ccel.org/

CWCD   The Complete Works of Charles Darwin Online:

http://darwin-online.org.uk/

DCP   The Darwin Correspondence Project:

http://www.darwinproject.ac.uk/

FT   Douglas O. Linder's Famous Trials site at the University of

Missouri-Kansas City School of Law:

http://www.umkc.edu/famoustrials/

HF   The Huxley File at Clark University:

http://aleph0.clarku.edu/huxley/

NP   The Newton Project at Sussex University:

http://www.newtonproject.sussex.ac.uk/

PG   Project Gutenberg: http://www.gutenberg.org/

RJLR   Rutgers Journal of Law and Religion:

http://org.law.rutgers.edu/publications/law-religion/

TP   Thomas Paine National Historical Association:

http://www.thomaspaine.org/

以下为正文直接引用材料的参考文献。除原始出版源外，有的地方还引用了声誉良好的在线版本。不同的英文圣经段落翻译可以在 The Bible Gateway:http://www.biblegateway.com/ 上进行比较。

第一章

Galileo's condemnation: Mario Biagioli, *Galileo, Courtier: The Practice of Science in the Culture of Absolutism* (Chicago, 1994), quotation at pp. 330–331. Documents relating to Galileo's trial and condemnation can be found online at FT. ◆ Psalm 102:25. ◆ Thomas Huxley's review of *On the Origin of Species* was originally published in 1860 in the *Westminster Review* and was reprinted in Volume 2 of his *Collected Essays* (9 volumes, London, 1893–1894), pp. 22–79, quotation at p. 52; available online at HF. ◆ John Hedley Brooke, *Science and Religion: Some Historical Perspectives* (Cambridge, 1991), quotation at p. 5. ◆ Quotation from Galileo Galilei, *Dialogue Concerning the Two Chief World Systems* (1632), in William Shea, 'Galileo's Copernicanism: The Science and the Rhetoric', in *The Cambridge Companion to Galileo*, ed. Peter Machamer (Cambridge, 1998), pp. 211–243, quotation at p. 238. ◆ Psalm 19:1. ◆ Thomas Paine, *The Age of Reason, Part I* (1794), in *Thomas Paine: Political Writings*, ed. Bruce Kuklick (Cambridge, 1989), quotations from Chapters 7, 11, and 16; available online at TP. ◆ Altruism research: Stephen Post and Jill Neimark, *Why Good Things Happen to Good People: The Exciting*

137

New Research that Proves the Link between Doing Good and Living a Longer, Healthier, Happier Life (New York, 2007). ◆ The medieval Islamic motto is quoted in Emilie Savage-Smith, 'The Universality and Neutrality of Science', in *Universality in Islamic Thought*, ed. Leonard Binder (forthcoming).

第二章

Documents relating to Galileo's trial and condemnation can be found at FT. ◆ Francis Bacon, *The New Organon, or True Directions Concerning the Interpretation of Nature* (1620), Aphorism III; *Valerius Terminus: Of the Interpretation of Nature* (1603), Chapter 1. Both these works are available in modern editions, and also online at the University of Adelaide: http://etext.library.adelaide.edu.au/ ◆ Thomas Paine, *The Age of Reason, Part I* (1794), in *Thomas Paine: Political Writings*, ed. Bruce Kuklick (Cambridge, 1989), Chapter 2; available online at TP. ◆ Joshua 10:12–14. ◆ Council of Trent declaration: Richard Blackwell, 'Could There Be Another Galileo Case?', in *The Cambridge Companion to Galileo*, ed. Peter Machamer (Cambridge, 1998), pp. 348–366, quotation at p. 353. ◆ Romans 1:20.

第三章

Milk miracle: 'Right-Wing Hindus Milk India's "Miracle"', *The Independent* (London), 25 September 1995, p. 11. ◆ Friedrich Schleiermacher, *On Religion: Speeches to its Cultured Despisers*, ed. Richard Crouter (Cambridge, 1996), Second Speech, quotation at p. 49; first published in German in 1799; available online at CCEL.

◆ Henry Drummond, *The Lowell Lectures on the Ascent of Man* (1894), Chapter 10; available online at CCEL. ◆ G. W. Leibniz, 'Mr Leibnitz's First Paper' in Samuel Clarke, *A Collection of Papers, Which passed between the late Learned Mr. Leibnitz, and Dr. Clarke, In the Years 1715 and 1716* (1717); available online at NP.

◆ Laplace and Napoleon: Roger Hahn, 'Laplace and the Mechanistic Universe', in *God and Nature: Historical Essays on the Encounter between Christianity and Science*, ed. David C. Lindberg and Ronald L. Numbers (Berkeley, 1986), pp. 256–276, quotation at p. 256.

◆ Descartes to Mersenne: quoted in Carolyn Merchant, *The Death of Nature: Women, Ecology, and the Scientific Revolution* (San Francisco, 1983), p. 205. ◆ Nancy Cartwright uses the phrase 'dappled world' to echo Gerard Manley Hopkins' poem 'Pied Beauty', which starts with the line, 'Glory be to God for dappled things'; Nancy Cartwright, *The Dappled World: A Study of the Boundaries of Science* (Cambridge, 1999), Part I, quotation from Hopkins at p. 19. ◆ Einstein made comments about God not playing dice on several occasions, including in a letter to the physicist Max Born in 1926; Abraham Pais, *Subtle is the Lord: The Science and the Life of Albert Einstein*, new edition (Oxford, 2005), Chapter 25. ◆ Fred Hoyle, 'The Universe: Past and Present Reflections', *Engineering and Science* (November 1981), pp. 8–12; quoted in Rodney D. Holder, *God, the Multiverse, and Everything: Modern Cosmology and the Argument from Design* (Aldershot, 2004),

p. 34. ◆ David Hume, *Dialogues Concerning Natural Religion* (1779), Part II; available in several modern editions, and online at PG. ◆ John 20:24–30. ◆ Thomas Paine, *The Age of Reason, Part I* (1794), in *Thomas Paine: Political Writings*, ed. Bruce Kuklick (Cambridge, 1989), Chapter 3; available online at TP. ◆ Richard Dawkins, *The Selfish Gene*, new edition (Oxford, 1989), p. 330. ◆ Fyodor Dostoyevsky, *The Brothers Karamazov*, translated with an introduction by David Magarshack (London, 1982), Book 5, Chapter 4, 'Rebellion', pp. 276–288; first published in Russian in 1880; available online at CCEL.

第四章

Charles Lyell used the phrase 'go the whole orang' in a letter to Darwin in March 1863. Frederick Burkhardt and Sydney Smith (eds), *The Correspondence of Charles Darwin, Volume 11: 1863* (Cambridge, 1985), pp. 230–233; this letter is available online at DCP. ◆ Quotations from Darwin's *Beagle* notebooks: Adrian Desmond and James Moore, *Darwin* (London, 1991), pp. 122, 176. ◆ Darwin's comments on the 'damnable doctrine' of damnation, and on preferring the label 'Agnostic', are made in the section of his autobiography concerning religious belief, *The Autobiography of Charles Darwin*, ed. Nora Barlow (London, 1958), pp. 85–96, quotations at pp. 87, 94; available online at CWCD. ◆ Darwin's exclamation 'What a book a Devil's chaplain might write' was in a letter to Joseph Hooker in July 1856, Frederick Burkhardt and Sydney Smith (eds), *The Correspondence of Charles Darwin, Volume 6: 1856–1857* (Cambridge, 1985), pp. 178–180; this letter is available online at DCP. ◆ The letter about the afterlife from Emma to Charles, and his additional note on it, are quoted in Adrian Desmond and James Moore, *Darwin* (London, 1991), pp. 280–281, 651. ◆ Darwin's comments about Lyell's impact on his view of the natural world were made in a letter to Leonard Horner in August 1844, Frederick Burkhardt and Sydney Smith (eds), *The Correspondence of Charles Darwin, Volume 3: 1844–1846* (Cambridge, 1985), pp. 54–55; this letter is available online at DCP. ◆ Tortoise soup: Charles Darwin, 'Galapagos. Otaheite Lima', *Beagle* field notebook EH1.17, 12 October 1835, p. 36b; available online at CWCD. ◆ *On the Origin of Species by Means of Natural Selection* (1859) is available in many modern editions, and online at CWCD, where changes between editions can also be compared, such as the insertion of 'by the Creator' at the end of the 1860 second edition, at p. 490. ◆ Charles Kingsley, *The Water Babies* (1863), Chapter 7, p. 315; available online at PG. ◆ Samuel Wilberforce's review of *On the Origin of Species* first appeared in the *Quarterly Review* 108 (1860), pp. 225–264, quotations at pp. 231, 259–260; available online at CWCD. ◆ Huxley's and others' recollections of the 1860 Oxford debate are discussed in Frank James, 'An "Open Clash between Science and the Church"? Wilberforce, Huxley and Hooker on Darwin at the British Association, Oxford, 1860', in *Science and Beliefs: From Natural Philosophy*

参考文献

141

to Natural Science, 1700–1900, ed. D. Knight and M. Eddy (Aldershot, 2005), pp. 171–193, quotation from Huxley at p. 185. See also Leonard Huxley, *The Life and Letters of Thomas Henry Huxley*, 2 vols (London, 1900); selections available online through the '20th Century Commentary' section of HF. ◆ The text of Pope Benedict XVI's homily on the occasion of his inaugural Mass on Sunday, 24 April 2005 is available in the online 'Papal Archive' at 'Vatican: The Holy See': http://www.vatican.va/

第五章

The American Association for the Advancement of Science statement on 'Intelligent Design' was approved by its Board of Directors in October 2002. The text is available online through their website via an archived news release dated 6 November 2002; a related AAAS news release and statement on 'Anti-Evolution Laws' is dated 19 February 2006: http://www.aaas.org/news/ ◆ The full text of Judge John E. Jones III's ruling in the Dover case in 2005 is available on the website of the US District Court for the Middle District of Pennsylvania: http://www.pamd.uscourts.gov/kitzmiller/kitzmiller_342.pdf ◆ George Coyne's comments: 'Intelligent Design belittles God, Vatican director says' by Mark Lombard, *Catholic Online*, 30 January 2006; http://www.catholic.org/ ◆ Tennessee's 1925 anti-evolution statute is quoted in Edward J. Larson, *Summer for the Gods: The Scopes Trial and America's Continuing Debate over Science and Religion* (Cambridge, MA, 1997), p. 50. The text of the statute is available online at FT. ◆ Bryan's comments on 'the little circle entitled "Mammals"' come from the speech he intended to deliver to the jury as the closing argument for the prosecution in the Scopes trial. Darrow's decision to submit the case to the jury without argument prevented Bryan from delivering the speech, which is included as an Appendix to William Jennings Bryan and Mary Baird Bryan, *The Memoirs of William Jennings Bryan* (Philadelphia, 1925), quotation at p. 535. ◆ Genesis 1:26. ◆ Extracts from the transcript of the Scopes trial, including the cross-examination of Bryan by Darrow, are available online at FT. ◆ Thomas Jefferson's famous words, 'a wall of separation between Church and state', were used by him in a letter of 1 January 1802 to the Danbury Baptist Association. The text of the letter and an article about its restoration are available online at the Library of Congress website: http://www.loc.gov/loc/lcib/9806/danbury. html ◆ US Supreme Court opinions on *Epperson v. Arkansas* (1968) and *Edwards v. Aguillard* (1987) are available online at Cornell University Law School's 'Supreme Court Collection': http://www.law. cornell.edu/supct/index.html ◆ Bryan's comments on school board elections were made in a statement entitled 'Who shall control?', written in 1925 and included as an Appendix to William Jennings Bryan and Mary Baird Bryan, *The Memoirs of William Jennings Bryan* (Philadelphia, 1925), pp. 526–528. ◆ District Judge William R. Overton's ruling in *McLean v. Arkansas* (1982) is included as an Appendix to Langdon Gilkey, *Creationism on Trial: Evolution and God at Little Rock* (Charlottesville, 1998), quotation at p. 295. Overton's judgment is available online at 'TalkOrigins Archive. Exploring the Creation/ Evolution Controversy': http://www.talkorigins.org/ faqs/mclean-varkansas.html ◆ Percival W. Davis, Dean H. Kenyon, and Charles B. Thaxton, *Of Pandas and People: The Central Question of Biological Origins*, 2nd edition (Dallas, 1993).

第六章

On Persinger's 'God helmet': David Biello, 'Searching for God in the Brain', *Scientific American Mind*, October 2007; available online at: http://www.sciam.com/ ◆ Mario Beauregard and Vincent Paquette, 'Neural Correlates of a Mystical Experience in Carmelite Nuns', *Neuroscience Letters*, vol. 405, issue 3, 25 September 2006, pp. 186–190; reported in *The Daily Telegraph* (London), 30 August 2006, p. 12, as 'Nuns Prove God Is Not Figment of the Mind'; available online via http://www.telegraph.co.uk/ ◆ Genesis 3:19; Ecclesiastes 3:19–20; 1 Corinthians 15. ◆ On the creeds: Peter van Inwagen, 'Dualism and Materialism: Athens and Jerusalem?', in *Christian Philosophy and the Mind-Body Problem: Faith and Philosophy*, ed. W. Hasker, vol. 12, no. 4 (1995), pp. 475–488, quotations at p. 478. ◆ George Eliot, *Middlemarch*, edited with an introduction and notes by Rosemary Ashton (London, 1994), p. 838; originally published in 1871–1872; available online at the University of Virginia Library's 'Electronic Text Center': http://etext.lib.virginia.edu/ebooks/ ◆ Eric Lax, *Woody Allen: A Biography* (New York, 1992), p. 183. ◆ Isaac Watts, *Divine and Moral Songs for Children* (New

York, 1866), pp. 47–48; first published as *Divine Songs* (1715); available online at CCEL. ◆ 'Let us eat and drink for tomorrow we die' is a biblical phrase: 1 Corinthians 15:32; see also Ecclesiastes 8:15, Isaiah 22:13, Luke 12:19–20. ◆ Francis Collins on altruism: *The Language of God: A Scientist Presents Evidence for Belief* (New York, 2006), pp. 21–31. ◆ Richard Dawkins on altruism: *The Selfish Gene*, new edition (Oxford, 1989), quotations at pp. 3, 200–201; *The God Delusion* (London, 2006), pp. 214–222. ◆ Sodom and Gomorrah: Genesis 18:16–19:29. ◆ Onan: Genesis 38:1–10. ◆ Rich young man: Mark 10:17–31.

延伸阅读

本节提供了建议的背景阅读和额外的资料来源

一般性著作

参考书

Philip Clayton and Zachary Simpson (eds), *The Oxford Handbook of Religion and Science* (Oxford and New York, 2006).

Gary B. Ferngren (ed.), *The History of Science and Religion in the Western Tradition: An Encyclopedia* (New York and London, 2000).

J. Wentzel van Huyssteen (ed.), *Encyclopedia of Science and Religion*, 2 vols (New York, 2003).

历史研究

John Hedley Brooke, *Science and Religion: Some Historical Perspectives* (Cambridge, 1991).

John Brooke and Geoffrey Cantor, *Reconstructing Nature: The Engagement of Science and Religion* (Edinburgh, 1998).

Gary B. Ferngren (ed.), *Science and Religion: A Historical Introduction* (Baltimore, 2002).

Peter Harrison, *The Bible, Protestantism, and the Rise of Natural Science* (Cambridge, 1998).

David Knight and Matthew Eddy (eds), *Science and Beliefs: From Natural Philosophy to Natural Science* (Aldershot, 2005).

David C. Lindberg and Ronald L. Numbers (eds), *God and Nature:*

科学与宗教

146

Historical Essays on the Encounter between Christianity and Science (Berkeley, 1986), and *When Science and Christianity Meet* (Chicago and London, 2003).

Don O'Leary, *Roman Catholicism and Modern Science: A History* (New York, 2006).

基督教视角

Ian Barbour, *Religion and Science: Historical and Contemporary Issues* (San Francisco, 1997).

Alister E. McGrath, *Science and Religion: An Introduction* (Oxford, 1998).

Arthur Peacocke, *Creation and the World of Science: The Reshaping of Belief*, revised edition (Oxford and New York, 2004).

John Polkinghorne, *Theology and Science: An Introduction* (London, 1998).

伊斯兰教与伊斯兰科学

Karen Armstrong, *Islam: A Short History* (London, 2001).

Michael Cook, *The Koran: A Very Short Introduction* (Oxford, 2000).

Muzaffar Iqbal, *Islam and Science* (Aldershot, 2002), and *Science and Islam* (Westport, 2007).

Seyyed Hossein Nasr, *Science and Civilisation in Islam*, 2nd edition (Cambridge, 1987).

Malise Ruthven, *Islam: A Very Short Introduction* (Oxford, 1997).

George Saliba, *Islamic Science and the Making of the European*

延伸阅读

Renaissance (Cambridge, MA, 2007).

犹太教与科学

Geoffrey Cantor, *Quakers, Jews, and Science: Religious Responses to Modernity and the Sciences in Britain, 1650–1900* (Oxford and New York, 2005).

Geoffrey Cantor and Marc Swelitz (eds), *Jewish Tradition and the Challenge of Darwinism* (Chicago, 2006).

Noah J. Efron, *Judaism and Science: A Historical Introduction* (Westport, 2007).

国际视角

Fraser Watts and Kevin Dutton (eds), *Why the Science and Religion Dialogue Matters: Voices from the International Society for Science and Religion* (Philadelphia and London, 2006).

相关网站

American Association for the Advancement of Science: http://www.aaas.org/

Center for Islam and Science: http://www.cis-ca.org/

Center for Theology and the Natural Sciences: http://www.ctns.org/

International Society for Science and Religion: http://www.issr.org.uk/

John Templeton Foundation: http://www.templeton.org/

Metanexus Institute on Religion, Science, and the Humanities: http://www.metanexus.net/

National Center for Science Education: http://www.natcenscied.org/

Stanford Encyclopedia of Philosophy: http://plato.stanford.edu/

TalkOrigins Archive: Exploring the Evolution/Creation Controversy:
  http://www.talkorigins.org/

第一章

宗教信仰与现代科学的诞生

Peter Dear, *Revolutionizing the Sciences: European Knowledge and its Ambitions, 1500–1700* (Basingstoke, 2001).

Rob Iliffe, *Newton: A Very Short Introduction* (Oxford, 2007).

Steven Shapin, *The Scientific Revolution* (Chicago, 1996).

宗教科学家的著作

Francis Collins, *The Language of God: A Scientist Presents Evidence for Belief* (New York, 2006).

Guy Consolmagno, *God's Mechanics: How Scientists and Engineers Make Sense of Religion* (San Francisco, 2007).

Owen Gingerich, *God's Universe* (Cambridge, MA, 2006).

John Polkinghorne, *Belief in God in an Age of Science* (New Haven, 1998).

托马斯·潘恩

Thomas Paine, *Political Writings*, ed. Bruce Kuklick (Cambridge, 1989); Paine's major works are available online at TP.

Gregory Claeys, *Thomas Paine: Social and Political Thought* (Boston and London, 1989).

John Keane, *Tom Paine: A Political Life* (London, 1996).

科学与无神论

Richard Dawkins, *The Blind Watchmaker*, revised edition (London, 1991), and *The God Delusion* (London, 2006).

Christopher Hitchens, *God is Not Great: The Case Against Religion* (London, 2007).

Victor J. Stenger, *God: The Failed Hypothesis. How Science Shows that God Does Not Exist* (Amherst, 2007).

自然神学

John Brooke and Geoffrey Cantor, *Reconstructing Nature: The Engagement of Science and Religion* (Edinburgh, 1998).

William Paley, *Natural Theology, or Evidence of the Existence and Attributes of the Deity, Collected from the Appearances of Nature*, edited with an introduction and notes by Matthew D. Eddy and David Knight (Oxford and New York, 2006); first published 1802.

第二章

科学哲学

A. F. Chalmers, *What Is This Thing Called Science?*, 3rd edition (Buckingham, 1999).

Peter Godfrey-Smith, *Theory and Reality: An Introduction to the Philosophy of Science* (Chicago, 2003).

Samir Okasha, *Philosophy of Science: A Very Short Introduction* (Oxford, 2002).

神学视角下的科学哲学

Philip Clayton, *Explanation from Physics to Theology: An Essay in Rationality and Religion* (New Haven, 1989).

Christopher Knight, *Wrestling with the Divine: Religion, Science, and Revelation* (Minneapolis, 2001).

伽利略与教会

John Brooke and Geoffrey Cantor, *Reconstructing Nature: The Engagement of Science and Religion* (Edinburgh, 1998), Chapter 4.

David C. Lindberg, 'Galileo, the Church, and the Cosmos', in *When Science and Christianity Meet*, ed. David C. Lindberg and Ronald L. Numbers (Chicago and London, 2003), pp. 33–60.

Peter Machamer (ed.), *The Cambridge Companion to Galileo* (Cambridge, 1998).

Stephen Mason, 'Galileo's Scientific Discoveries, Cosmological Confrontations, and the Aftermath', *History of Science*, 40 (2002), pp. 377–406.

Ernan McMullin (ed.), *The Church and Galileo* (Notre Dame, 2005).

实在论、哲学与科学

Ian Hacking, *Representing and Intervening* (Cambridge, 1983).

Thomas Kuhn, *The Structure of Scientific Revolutions*, 3rd edition

(Chicago and London, 1996); first published 1962.

Peter Lipton, *Inference to the Best Explanation*, 2nd edition (London, 2004).

Richard Rorty, *Philosophy and Social Hope* (London, 1999).

Bas van Fraassen, *The Scientific Image* (Oxford, 1980).

实在论与神学

Colin Crowder (ed.), *God and Reality: Essays on Christian Non-Realism* (London, 1997).

Don Cupitt, *Taking Leave of God* (London, 1980).

Michael Scott and Andrew Moore (eds), *Realism and Religion: Philosophical and Theological Perspectives* (Aldershot, 2007).

Janet Soskice, *Metaphor and Religious Language* (Oxford, 1985).

第三章

卢尔德

Ruth Harris, *Lourdes: Body and Spirit in the Secular Age* (London, 1999).

神迹哲学

David Corner, *The Philosophy of Miracles* (London, 2007).

Mark Corner, *Signs of God: Miracles and Their Interpretation* (Aldershot, 2005).

对待神迹的态度的历史

Robert B. Mullin, *Miracles and the Modern Religious Imagination*

(New Haven and London, 1996).

Jane Shaw, *Miracles in Enlightenment England* (New Haven and London, 2006).

休谟与神迹

John Earman, *Hume's Abject Failure: The Argument Against Miracles* (New York, 2000).

Robert J. Fogelin, *A Defense of Hume on Miracles* (Princeton, 2003).

上帝与物理学

Philip Clayton, *God and Contemporary Science* (Edinburgh, 1997).

Paul Davies, *The Mind of God: Science and the Search for Ultimate Meaning* (London, 1992).

Willem B. Drees, *Beyond the Big Bang: Quantum Cosmologies and God* (La Salle, 1990).

John Polkinghorne, *The Faith of a Physicist* (Princeton, 1994), also published as *Science and Christian Belief* (London, 1994).

Nicholas Saunders, *Divine Action and Modern Science* (Cambridge, 2002).

自然法则

Nancy Cartwright, *How the Laws of Physics Lie* (Oxford, 1983), and *The Dappled World: A Study of the Boundaries of Science* (Cambridge, 1999).

John Dupré, *The Disorder of Things: Metaphysical Foundations of the*

Disunity of Science (Cambridge, MA, 1993).

Bas van Fraassen, *Laws and Symmetry* (Oxford, 1989).

量子物理

George Johnson, *Fire in the Mind: Science, Faith, and the Search for Order* (New York, 1995), Chapters 5 and 6.

John Polkinghorne, *Quantum Theory: A Very Short Introduction* (Oxford, 2002), and *Quantum Physics and Theology: An Unexpected Kinship* (London, 2007).

宇宙微调

Paul Davies, *The Goldilocks Enigma: Why is the Universe Just Right for Life?* (London and New York, 2006).

Rodney D. Holder, *God, the Multiverse, and Everything: Modern Cosmology and the Argument from Design* (Aldershot, 2004).

第四章

达尔文传记

Janet Browne, *Darwin: A Biography*, 2 vols (London, 1995, 2002).

Charles Darwin, *The Autobiography of Charles Darwin*, ed. Nora Barlow (London, 1958), available online at CWCD.

Adrian Desmond and James Moore, *Darwin* (London, 1991).

Adrian Desmond, James Moore, and Janet Browne, *Charles Darwin* (Oxford, 2007).

生物学史

Peter J. Bowler, *Evolution: The History of an Idea*, 3rd edition (Berkeley and London, 2003), and *The Eclipse of Darwinism: Anti-Darwinian Evolution Theories in the Decades around 1900*, new edition (Baltimore, 1992).

Jim Endersby, *A Guinea Pig's History of Biology: The Plants and Animals Who Taught Us the Facts of Life* (London, 2007).

达尔文主义与宗教

Craig Baxter, *Re: Design, An Adaptation of the Correspondence of Charles Darwin, Asa Gray and Others* (2007); a dramatization, the script of which is available online at DCP.

Peter J. Bowler, *Monkey Trials and Gorilla Sermons: Evolution and Christianity from Darwin to Intelligent Design* (Cambridge, MA, and London, 2007).

John Hedley Brooke, *Science and Religion: Some Historical Perspectives* (Cambridge, 1991), Chapter 8; and 'Darwin and Victorian Christianity', in *The Cambridge Companion to Darwin*, ed. Jonathan Hodge and Gregory Radick (Cambridge, 2003), pp. 192–213.

James Moore, *The Post-Darwinian Controversies: A Study of the Protestant Struggle to Come to Terms with Darwin in Great Britain and America, 1870–1900* (Cambridge, 1979), and *The Darwin Legend* (Grand Rapids, 1994).

Michael Ruse, *Darwin and Design: Does Evolution Have a Purpose?*

(Cambridge, MA, 2003).

赫胥黎与维多利亚科学

Adrian Desmond, *Huxley: From Devil's Disciple to Evolution's High Priest* (London, 1998).

Frank James, 'An "Open Clash between Science and the Church"? Wilberforce, Huxley and Hooker on Darwin at the British Association, Oxford, 1860', in *Science and Beliefs: From Natural Philosophy to Natural Science, 1700–1900*, ed. D. Knight and M. Eddy (Aldershot, 2005), pp. 171–193.

Bernard Lightman (ed.), *Victorian Science in Context* (Chicago, 1997).

Frank M. Turner, *Contesting Cultural Authority: Essays in Victorian Intellectual Life* (Cambridge, 1993).

Paul White, *Thomas Huxley: Making the 'Man of Science'* (Cambridge, 2003).

神学与进化论

Geoffrey Cantor and Marc Swelitz (eds), *Jewish Tradition and the Challenge of Darwinism* (Chicago, 2006).

John F. Haught, *God After Darwin: A Theology of Evolution* (Boulder and Oxford, 2000).

Nancey Murphy and William R. Stoeger, SJ (eds), *Evolution and Emergence: Systems, Organisms, Persons* (Oxford, 2007).

Arthur Peacocke, *Theology for a Scientific Age: Being and Becoming – Natural, Divine, and Human*, enlarged edition (Minneapolis and

London, 1993).

Michael Ruse, *Can a Darwinian Be a Christian? The Relationship between Science and Religion* (Cambridge and New York, 2001).

Pierre Teilhard de Chardin, *The Phenomenon of Man*, with an introduction by Sir Julian Huxley, revised edition (London and New York, 1975); first published in French in 1955.

第五章

概论

Eugenie C. Scott, *Evolution versus Creationism: An Introduction* (Westport, 2004).

斯科普斯案

Edward J. Larson, *Summer for the Gods: The Scopes Trial and America's Continuing Debate over Science and Religion* (New York, 1997).

美国的基要主义和创造论

George Marsden, *Fundamentalism and American Culture*, 2nd edition (New York and Oxford, 2006).

Dorothy Nelkin, *The Creation Controversy: Science or Scripture in the Schools?* (New York, 1982).

Ronald L. Numbers, *The Creationists: From Scientific Creationism to Intelligent Design*, expanded edition (Cambridge, MA, and London, 2006).

Christopher P. Toumey, *God's Own Scientists: Creationists in a Secular World* (New Brunswick, 1994).

法律方面

Langdon Gilkey, *Creationism on Trial: Evolution and God at Little Rock* (Charlottesville, 1998).

Philip A. Italiano, 'Kitzmiller v. Dover Area School District: The First Judicial Test for Intelligent Design', *Rutgers Journal of Law and Religion*, vol. 8.1, Fall 2006, available online at RJLR.

Marcel La Follette (ed.), *Creationism, Science, and the Law: The Arkansas Case* (Cambridge, MA, 1983).

Edward J. Larson, *Trial and Error: The American Controversy over Creation and Evolution*, 3rd edition (New York and Oxford, 2003).

Stephen A. Newman, 'Evolution and the Holy Ghost of Scopes: Can Science Lose the Next Round?', *Rutgers Journal of Law and Religion*, vol. 8.2, Spring 2007, available online at RJLR.

智能设计论及其批判

Michael J. Behe, *Darwin's Black Box: The Biochemical Challenge to Evolution* (New York, 1996), and *The Edge of Evolution: The Search for the Limits of Darwinism* (New York, 2007).

William Dembski and Michael Ruse (eds), *Debating Design: From Darwin to DNA* (Cambridge, 2004).

Kenneth R. Miller, *Finding Darwin's God: A Scientist's Search for Common Ground between God and Evolution* (New York, 1999).

Randy Olson (writer and director), *Flock of Dodos: The Evolution-Intelligent Design Circus* (Prairie Starfish Productions and G-7 Animation, documentary film, 2006).

Robert T. Pennock (ed.), *Intelligent Design Creationism and Its Critics: Philosophical, Theological, and Scientific Perspectives* (Cambridge, MA, 2001).

哲学视角

David Hull and Michael Ruse (eds), *The Philosophy of Biology* (Oxford, 1998), Part X.

Michael Ruse (ed.), *But Is It Science? The Philosophical Question in the Creation/Evolution Controversy* (Amherst, 1996).

Sahotra Sarkar, *Doubting Darwin? Creationist Designs on Evolution* (Malden and Oxford, 2007).

第六章

大脑与心灵

Antonio Damasio, *Descartes' Error: Emotion, Reason, and the Human Brain*, revised edition (London, 2006).

John Searle, *Mind: A Brief Introduction* (Oxford, 2004).

神经科学、心理学与宗教

C. Daniel Batson, Patricia Schoenrade, and W. Larry Ventis, *Religion and the Individual: A Social-Psychological Perspective* (New York and Oxford, 1993).

Warren S. Brown, Nancey Murphy, and H. Newton Malony, *Whatever Happened to the Soul? Scientific and Theological Portraits of Human Nature* (Minneapolis, 1998).

William James, *The Varieties of Religious Experience: A Study in Human Nature*, centenary edition with introductions by Eugene Taylor and Jeremy Carrette (London and New York, 2002); first published 1902.

Andrew Newberg, Eugene d'Aquili, and Vince Rause, *Why God Won't Go Away: Brain Science and the Biology of Belief* (New York, 2002).

Fraser Watts, *Theology and Psychology* (Aldershot, 2002).

认知科学与宗教人类学

Scott Atran, *In Gods We Trust: The Evolutionary Landscape of Religion* (London and New York, 2002).

Pascal Boyer, *Religion Explained: The Human Instincts that Fashion Gods, Spirits and Ancestors* (London, 2001).

Steven Mithen, *The Prehistory of the Mind: The Search for the Origins of Art, Religion and Science* (London, 1996).

Wentzel van Huyssteen, *Alone in the World? Human Uniqueness in Science and Theology: The Gifford Lectures* (Grand Rapids, 2006).

进化与伦理

Stephen R. L. Clark, *Biology and Christian Ethics* (Cambridge, 2000).

Daniel C. Dennett, *Darwin's Dangerous Idea: Evolution and the Meanings of Life* (London and New York, 1995).

科学与宗教

Frans de Waal, *Primates and Philosophers: How Morality Evolved* (Princeton and Oxford, 2006).

Thomas Huxley, *Evolution and Ethics, and Other Essays*, in *Collected Essays* (London, 1893–1894), vol. 9; available online at HF.

Mary Midgley, *Beast and Man: The Roots of Human Nature*, new edition (London and New York, 1995).

Matt Ridley, *The Origins of Virtue* (London, 1996).

利他与自私

Richard Dawkins, *The Selfish Gene* (New York and Oxford, 1976), also available in a revised 1989 edition, and a 30th anniversary edition with a new introduction by the author published in 2006.

Thomas Dixon, *The Invention of Altruism: Making Moral Meanings in Victorian Britain* (Oxford, 2008).

Stephen G. Post, Lynn G. Underwood, Jeffrey P. Schloss, and William B. Hurlbut (eds), *Altruism and Altruistic Love: Science, Philosophy and Religion in Dialogue* (Oxford and New York, 2002).

Eliott Sober and David Sloan Wilson, *Unto Others: The Evolution and Psychology of Unselfish Behavior* (Cambridge, MA, and London, 1998).

异常与性

Thomas Laqueur, *Solitary Sex: A Cultural History of Masturbation* (New York, 2003).

Roy Porter and Lesley Hall, *The Facts of Life: The Creation of Sexual*

Knowledge in Britain, 1650–1950 (New Haven, 1995).

Jeffrey Weeks, *Sex, Politics and Society: The Regulation of Sexuality since 1800*, 2nd edition (London, 1989), and *Coming Out: Homosexual Politics in Britain from the Nineteenth Century to the Present*, revised edition (London, 1990).

摩尔与自然主义谬误

Alasdair MacIntyre, *After Virtue: A Study in Moral Theory*, 2nd edition (Notre Dame, 1984).

G. E. Moore, *Principia Ethica*, edited with an introduction by Thomas Baldwin (Cambridge, 1993); first published 1903.

科学与未来

Stephen R. L. Clark, *How to Live Forever: Science Fiction and Philosophy* (London and New York, 1995).

Mary Midgley, *Science as Salvation: A Modern Myth and Its Meaning* (London and New York, 1992), and *Evolution as a Religion: Strange Hopes and Stranger Fears*, revised edition (London and New York, 2002).

John Polkinghorne and Michael Welker (eds), *The End of the World and the Ends of God: Science and Theology on Eschatology* (Harrisburg, 2000).

索 引

图书在版编目(CIP)数据

科学与宗教 / (英)托马斯·狄克森著；万兆元，赵会亮译.
-- 上海 ：上海三联书店，2025. 8.
-- ISBN 978-7-5426-8831-6

Ⅰ. B913

中国国家版本馆 CIP 数据核字第 2025N58R66 号

科学与宗教

著　　者 / 托马斯·狄克森
译　　者 / 万兆元　赵会亮

责任编辑 / 陈泠珅
装帧设计 / 徐　徐
监　　制 / 姚　军
责任校对 / 王凌霄

出版发行 / 上海三联书店
　　　　　 (200041)中国上海市静安区威海路 755 号 30 楼
邮　　箱 / sdxsanlian@sina.com
联系电话 / 编辑部: 021 - 22895517
　　　　　 发行部: 021 - 22895559
印　　刷 / 上海盛通时代印刷有限公司

版　　次 / 2025 年 8 月第 1 版
印　　次 / 2025 年 8 月第 1 次印刷
开　　本 / 890 mm × 1240 mm　1/32
字　　数 / 130 千字
印　　张 / 5.875
书　　号 / ISBN 978 - 7 - 5426 - 8831 - 6/B · 950
定　　价 / 68.00 元

敬启读者,如发现本书有印装质量问题,请与印刷厂联系 021 - 37910000